大展好書　好書大展

品嘗好書　冠群可期

大展好書　好書大展

品嘗好書　冠群可期

宗教・數術 5

性與占星術

——幫助你尋求理想伴侶

柯順隆 編著

大展出版社有限公司

序言

占星術分為兩大部份，已成為一般常識。一是關於基本上分為十二個星座的當事人「性格判斷」，二是天體的運行，對個人因時日的變異而會有怎樣影響的「運氣」。

二者互相關連，本來是不即不離的，惟為方便起見，乃將二者權宜地區分，而在提供訊息時通常是採取個別的形態。

因此，由性格判斷所引導的「緣份」，也就成為一個研究的領域了。這是因為和他人接觸時，必然會關係到緣份的問題。

以往占星術的書大體而言僅寫到這裡。當然也有為了徹底追究「緣份」而如同辭典般寫了一千二百頁的巨著《愛情指引》的琳達・格魯曼這種女性。

但她基本的雛型也只將過去所有的性格特性包涵著微妙的神韻，予以

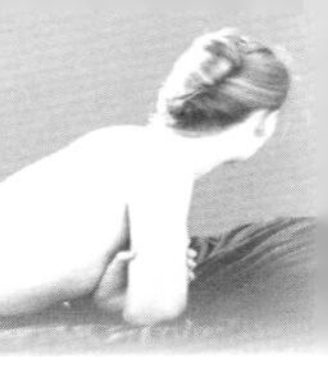

描寫，事實上這並非特別新穎。可是琳達•格魯曼卻發揮了她獨特的才能，寫了超越占星術的境界而如詩般的文章，結果使得該書大為轟動，一時洛陽紙貴。

本書裏，把以往不很完美的新命題，亦即以性的關係正面論述占星術而很受到重視。若將緣份的問題再詳細分析，不難想像它無法避開男女間的性問題。

可是，若從正面提述性的問題時會感到抵抗，且面臨社會的一種視為不可侵犯而想予以聖域化的強大壓力。即使了解它對於人類生活有決定性的重大要素，尤其是由婚約，再經結婚路途進展時，性的要素雖然很重要，但是，無人敢寫有關這方面的書，想起來實在是不可思議的。

孔子說：「食色性也。」觀察人類的問題越深，則越是難免浮現人類最重要的結合，愛的形態。惟有如此，才知道以成為性格判斷做為基礎的「緣份」之決定版時，屢次使作者感到懊悔。

本書係就大家最關心的問題——性，以率直不隱瞞的態度表達出來。

人類出生時的天體位置，是個人一生中無法二次取同樣位置。研究占星術的人都正確地算出其星的位置，花了長久的時間製成天宮圖。可是到最近，無法期待占星術師們率直談論性的問題。結果，占星術專門談論運氣、性格判斷、財運、健康，最多也不超出浪漫史範圍。

當然以往的占星術所談的浪漫也不能說不對。可是將太陽、月球……等天體運行為基礎的天宮圖，也順便援用到兩人關係的方法，是絕對錯誤的。浪漫史和性是迥然有異的，將二者混為一談，是太過於單純的錯誤。

不管如何把「緣份」在浪漫史線追究，最重要的性也無法抬頭顯現。「今天是可找到好愛人的日子」在運氣上僅如此簡單地說，而不詳談以後的事。何況如何地好，或者現在雖好，以後在性的問題上是否會產生不滿的，用來預測此類事情的書，卻從未見過。

本書所以特別重視性的理由，「在接受宇宙支配之中，性係精力的創造行為，而有受星座強大影響的傾向」。

人類愛的型態經由性交而具體化，成為愛的表現時，該行為受廣大宇

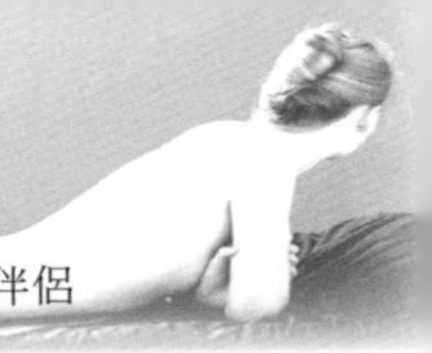

宙空間的微妙影響是無法否定的。越是研究占星術，眼睛越是可以自然地來看人類的本能。

經那樣證明，便可知道為何性和占星術有密切的關係了。把性問題站在醫學上說明的醫學家們，將性的機能放在尖端而教我們解剖學上的知識。心理學者也許會就專門知識教我們有關性在心理上的有趣看法秘訣。

可是，那些對於實際的性問題並無大的補益。性問題必需有異性的對方、微妙複雜又美好的感情，時時的氣氛都會有很大的影響。仔細想，那些要素為人類生理韻律和性格分析的混合形態，所以有在醫學和心理學上無法提取的要素，這一點並不足為怪。

這正就是需要本書的要點。也就是這本結合宇宙法則和人類性活動關係的獨特指引書，所以有高度價值的理由。

將性問題視為生理現象的人，也可能瞭解到「生理有韻律」。無論何人都不會二十四小時有性慾望的感覺。慾望為何因時間、場所及對象而有所變化？

可是，話雖這樣說，要整理這本書卻要花很多心思。作者曾立了各種假設，到處調查具體的性行為是否能和實際相吻合。又從朋友或親戚處聽到有關性問題的事，經逐一查證具體的個案而整理這本書。

由文中介紹一對夫妻之例，即可窺知其端倪。很多調查資料證實理論確實是真的。

可是，占星術的工作在於分析人類的一個傾向，而性格判斷並不做至那個傾向何時會顯現化的地步。我儘量努力分析普遍的性問題傾向及嗜好而將它傳給讀者。

和占星術有一點關係的要素，尤其是對於性問題的獨異愛好也很率直地寫出來。依照星座對其有沉溺於變態性行為性癖的人，變異型的性行為及獨異的性行為，均一一介紹。

從占星術來看，馬上可以知道有這種傾向的人究竟屬於那一星座。因此，即使你未施行過我所寫的性愛遊戲的讀者，也一樣受到有那種潛在傾向命運的支配，而在這個人世接收到生的氣息。

這本書希望各位認為可使男性讀者在快樂中學習西洋占星術，滯積了最基本的資訊，必能發現和「女人、小孩的遊戲」絕對不相同的趣味。

市面上雖然有很多有趣的書，但有趣又有用的書卻不多見。但願讀者多吸收本書的趣味和西洋占星術的精華，俾有所助益。

柯順隆　謹識

目錄

一、牡羊座
aries

3月21日——4月19日生

♈

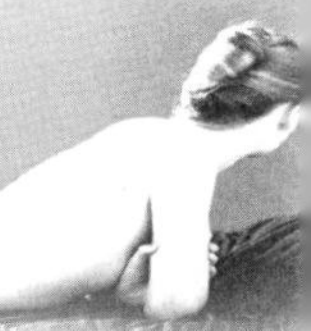

♈ 牡羊座男性性能力過剩

牡羊星座的男性，是積極、精力充沛、不知疲勞，而且頗具耐性的人——女性會麻木地說「男人中的男人」。牡羊星座的男人也有豐富的創造及思想性格，同時對任何事都有全力以赴的精神和耐性，因此有很高的評價。

牡羊座的男性和女性談戀愛時，也會很快即把女性抱住。在公園、汽車裡面或路旁及電桿邊，人們不易見到的地方，他敢摟抱女性並予撫吻。

女人對於男性這種突然舉動容易受驚。尤其對原認為是紳士的男人，突然有不禮貌舉動感到憤怒的女人，最好不要再和她來往。對於牡羊座男性的鮮美變化舉動，如果不能體會其奧妙，實有失女性的風度。

有時會把女性弄得不知所措。原來對於金錢淡泊，不拘小節的人，隔天往往會改變說話的口氣，表現出不耐煩的臉色。

「為什麼要買這件皮大衣？」

「哎！你不是說可以買嗎？」

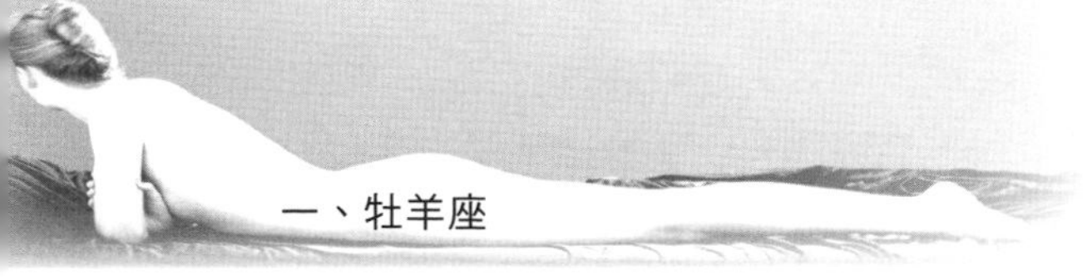

「錢到底要怎樣付？」

「哎呀！你不是說這次可以多發獎金，所以從這筆錢支付……」

像這樣的爭論常會發生，這是因為男性同時存有溫和與衝動的性格。話雖如此，天性溫和的牡羊座男性，慢慢會細想。

「啊！剛才我忘記了，對不起！」

嘿——。以後的事你自己好好想像吧！

在性格上最受女人歡迎，且性能力最強為牡羊座男性特徵。如全身發汗般地放射男性精力，當然女性沒有不滿足的。

另外對於繁瑣的規則或複雜費時的會議比較不能適應。他們比較喜歡過著自由快活的日子。

因此，多對「正常位」的體位並不太重視，做正經事往往不覺得好玩而動其他歪腦筋（**對啦！可想像在機動小船上或滿載乘客的汽車上玩**）。

馬上可想出這樣的情景為牡羊座男性最有價值的特徵。難怪他們無暇考慮自己「正常位」的問題了。

可是，覺得驚奇的是女性。最初也許會為「為什麼會做這種變態無聊的事」而迷惑，但並無厭煩性行為的女性，小小的驚悸忍耐後，必定會給女性無比的快感而使她感謝不已。這種快感、興奮一定較想像更為強烈。

惟因嫉妒心強，對於意識堅強的女性，不達支配不罷休為其缺點。有時對在與其性交的女人，亦會懷疑她對其他男人有意思。自己對女人毛手毛腳，卻不許她對其他男性有戀意。

全身富有性能力的牡羊座男性，對性行為很有一套。因太過熱衷而常忘「愛之交歡」。性行為的鐵則是除使男性能滿足外，也要使女性能達到高潮而快樂，但牡羊座男性卻往往忽略這項「互惠」的義務。

牡羊座男性的性行為可把它說明為「閃光型」。性慾一發，在剎那間馬上就要實行。在扯扯拉拉時馬上進入交戰狀態，女性立刻被推壓在床上。女性如果有時間脫衣褲已經算不錯了。

對於這種男性，表露有意思而其實毫無意思的女性，往往會吃大虧。要防護性能力過剩男性的晚間行為攻擊，最重要的是，若對性行為無興趣時，不要有引

誘男性的態度。

如果有勇氣告丈夫強姦罪，那是另當別論……。最好靜靜地看電視的深夜劇場，或打毛線衣，並時而打哈欠。以斜視瞟到妳這樣的男性，一定會覺得今晚沒辦法玩而不動歪念頭。

若在書本上看到性問題的新知識，也不要馬上告訴他。因為若被對方知道，他馬上要突進而使妳晚上睡不著覺。熱心研究性行為體位的牡羊座男性，他們在徹底研究新技術之前，是絕對不會中途放棄的。所以新知識要在認為無妨時始能說出，以免惹出麻煩。

不喜歡「正常位」的牡羊座男性，最有興趣的是後背位。他們都說從後面使女性稍低下頭，以略傾向前面的姿勢來玩最理想。究竟要使用那一個「孔」就要看當時的情調了。在地毯上、椅子上、沙發上以及床上均可得心應手。當然也有站著玩的技術。

●牡羊座男性VS牡羊座女性

牡羊座男性為精力旺盛且富有進取性格，當然他們都有想儘量支配女性的念

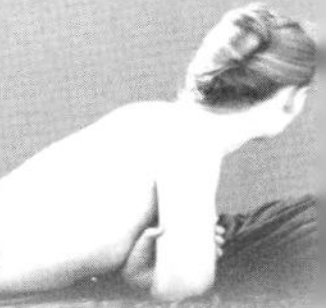

頭。常求變化找刺激而使愛人驚惶失措。

有時愛人也不認輸，對性行為懷著無比的信心來接近男性。所以，兩者最好適可而止，若太過份易生床上戰爭。

●牡羊座男性VS金牛座女性

對男性的性要求，女性是順從的，但有週期性的倦怠期，產生一些不能配合之憾。女性有必要製造使男性的性感持久的氣氛。

對於性行為為所欲為的男性，女性是很難配合步調。要記住慎重派的女性比較適合穩重派的伴侶。

因此，在性方面要採取慢動作而使慎重派的女性能適應。順利雖有盛開性的花朵，但不成功時，夫妻生活不會美滿。領導地位的男性其實責任重大，婚姻美滿與否，往往決定於男性的表現。

●牡羊座男性VS雙子座的女性

男性專心的熱情，配上永不倦怠的雙子座女性，可說是棋逢對手。雙子座女性的談話充滿機智和佻皮，最能吸引單純的牡羊座男性。

沒有人不為獲得理想性行為伴侶得到快樂而高興。二人都很喜歡性行為，可能互相拼命要求做性遊戲。有時可能女性反而更高手。

「不試試嗎？」若被女性要求時，自己要考慮一下，是否有把握？如果沒有把握，也要想辦法使她能滿足。對於性行為也許不要太熱衷，否則反而不會安定二人的感情。

●牡羊座男性VS巨蟹座女性

希望早一點和女朋友發生性行為以求快樂的你，女朋友一定會答應你。因為她對你強烈的性魅力，已完全成為俘虜。如疾風般的性行為過了之後才是問題。

注重情感之樂的巨蟹座女性，對牡羊座那種突發的興奮，單刀直入的達到目的就轉身睡著的情形感到失望。在互相熱衷於性行為之餘，請勿忘記處理要事，人並非完全為性而活呢？

●牡羊座男性VS獅子座女性

在性行為時，因雙方都有率直、瞬間燃燒相似之處，故應對女方坦白述說自己的希望。獅子座的女性，對於她喜歡的性遊戲，非但會一口答應，就是有時不

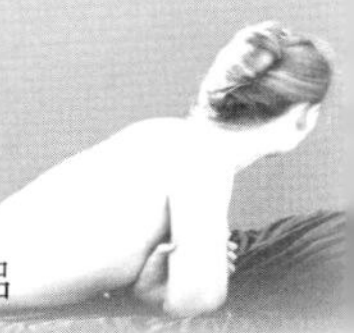

喜歡，她也會不客氣地告訴你。這時你就不要太勉強了。

她在第（ㄗˇ，床席）位的高度上可列第一位。為了要能滿足她，在事情開始前要準備些適當讚揚她的話。當你的表現良好時，一定可達到最高潮的境界。

牡羊座男性在性行為之前，可以不要接受妻子的愛撫，要專注於持續的功夫。

●牡羊座男性VS處女座女性

因性格有很大的差異，故要有事情進行往往不能得心應手的心理準備。她的個性為謹慎、少言辭、又好像很純情的，僅這些條件看起來已很有魅力。

令人容易想為既聰明又是家庭主婦型的女人，但其實並非如此完美。現實主義者的她，在性生活方面的羞澀，有如處女般的矜持，已好好衡量過她的身價。你如果對於性方面太熱衷，反而被輕視而不理你。

●牡羊座男性VS天秤座女性

天秤座女性，雖屬性慎重派，但對積極派的你熱心的誘惑，她也會屈服而配合你的需要。上床後的她，會和你配合得很好。因為本來就不討厭性行為，且有

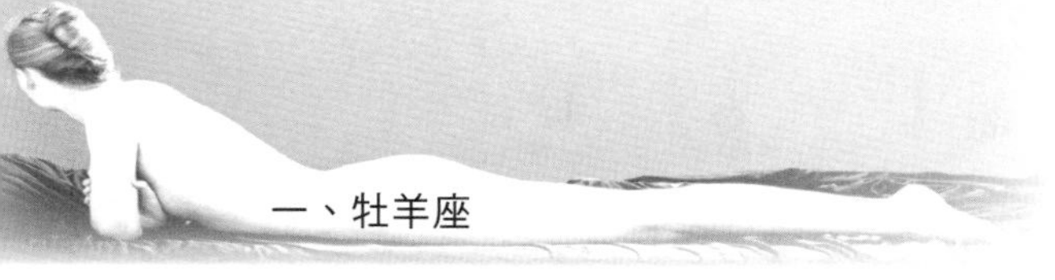

被虐待傾向的天秤座女性，因此，這反而是給予刺激，她可以適合男性的任何體位要求。

可是，問題卻在後頭。對於性行為期待神秘性東西出現的她，如不能使她滿足，就會掉頭而去。

●牡羊座男性VS巨蠍座女性

你和對方對於性問題都屬於行為重視型，故與其談論觀念上的愛情蜜語，不如互求強烈的性行為，以床上的滿足感維繫愛情。不能使對方滿足的性行為，若被想為缺乏愛情也無可奈何，這就是二人間的關係。

巨蠍座的女性個性強，有很深的感情和慾求，要求男性熱烈的愛撫。有時會對男性「這樣軟弱怎麼行？」加以非難，但你絕不能輸給她，不要有所顧慮，好好愛她而使她滿足吧！

●牡羊座男性VS射手座女性

兩人都是火性的，容易瞬間燃燒。在性行為時，有時呼吸無法相合。很奇怪地有慾望韻律不能一致的微妙關係。在上床前容易引起各種爭論。

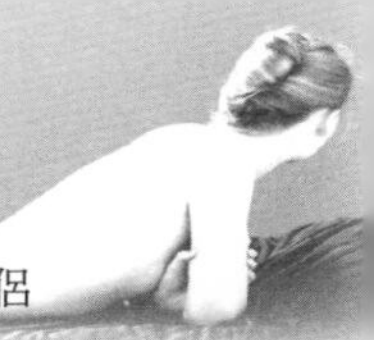

可是因為射手座的女性，個性如天氣變化無常，所以要瞭解這一點，巧妙地把她引向性行為誘導是很重要的。她最初也許是遊玩性質，但若好好誘導對待，婚後生活一定會很美滿。

●牡羊座男性VS魔羯座的女性

在性行為時，二人的態度相差很大。你對於性行為如果不常常改變新花樣，可能不過癮，當然也會聯想到她也許亦如此。

可是魔羯座的女性不同，比較喜歡慣用方式進行的她，若遇到新花樣時，對不能衝動燃燒的她來說是太唐突了。因此步調無法配合，弄得非常掃興，而對於性行為可能漸漸敬而遠之。如果遇到這種情況時，應該要趕快轉換方向。因為使用慣用方式，你也有足夠的能力使她滿足。

●牡羊座男性VS水瓶座女性

二人對於性行為的個性，均備有相當水準的要素。在肉體方面，二人均有以新方式進行性行為，從而得到快樂的新潮構想。問題是你在主動的地位雖然好，可是要注意的是對方的頑固性格。

也許她會有「不喜歡的就不做」的頑固拒絕態度。好好地誘導，使她能興奮而就範吧！到了她不抵抗的地步時，最高的性遊戲便可得心應手了。

●牡羊座男性VS雙魚座女性

這是有一點態度之差即很顯眼的一對。生平善於吸引男人心的她，遇到你時，你也許會慌張失措。她的身體雖在你懷中，但卻不輕易地就範，這樣很容易搞亂你的計劃。結果如何，就要看你的本領了。

只要持有自信態度，她搖擺不定的心也會靜下來。最初也許會有不能滿意之憂，但若互相了解而填平感情鴻溝後，基本上也是頗相配的一對。

♈把男性當作食物的牡羊座女性

掌握牡羊座的人的運命守護星是火星，就像晃動著大角在天空飛翔的牡羊一樣，有衝破難關的開拓者靈魂和激烈的鬥爭心。

一聽到牡羊座的女性就逃避的男性，以及因害怕而腿軟的男性，在美國及歐洲比比皆是。

牡羊座女性，生平適合當明星，外觀上雖顯得冷淡而對於男人不加理睬的樣子，但這全部是演技。經調查演技派女明星的生日，牡羊座可能佔第一位。

愛好運動，食慾又好，因怕過胖，故做網球、滑雪、健身等運動及性交……。活潑固然很好，但因氣魄很強而使男性慌張無法成事。

結婚後，自然會成為老婆的天下。有時情緒惡劣時，雖有拳打的念頭，但只要示愛，事情就會簡單地解決。她持著「反對家庭暴力」招牌，在等著由公司歸來的男性。

她們對於愛情不專也很熱衷，挑選丈夫儘量找一些一流企業的工程師、律師及醫師這類的人，而在享樂方面，卻常找一些超級市場的店員或網球、健身教練一類的人。一邊求愛情，又一邊要求性行為，以致男性多敬而遠之。

另一方面又太樂觀，如果把薪水全部交給她，很快就會花光。

牡羊座的女性情感變化很大，天一暗很快變成野獸般。男性最初多會慌張失措而不知如何應付。

「嗯，趕快來吧！」如此經催促後才準備，男性一定會輸。應為領導地位的男性，若初次就這樣，以後的情況可想而知。反正不明瞭女性星座的男性，往往會在女性面前出洋相。

也有熱衷於本能的性行為的。諸如在辦公室、汽車旅館、車上的性行為等。如果說因在開車中不行，就要覺悟沒有資格和牡羊座的女人打交道。

「無論在何處都ＯＫ」這樣小聲在女人耳邊說，就是操縱女人的要訣。雖然如此，但對於一旦戰鬥開始時的戰略，要十分熟練才行。如果被認為是「無聊的男人」，一切都完了。

要使牡羊座的女性滿足，需要有服務的精神和高度的技術。「已經完了嗎？」如果經女人這樣講，則可判定男人輸了。以後不是會發生女人愛情不專，就是男人被遺棄。

積極的女人都喜歡在上位。在椅子上面或床上面等都喜歡在男人的上位。

牡羊座的女性嫉妒心很重，男性發生愛情不專時，就認為自己的自尊受損。當自己所有的男人被其他女人奪去時，在生氣以前，可能會產生「讓那醜女人奪去你，實在不甘心」的神經質想法。

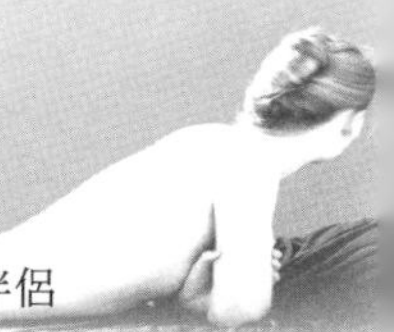

牡羊座的女性，性慾異常的人較多，因普通的玩法刺激較少，因此會找一些較為刺激和容易興奮的方法去漁獵男人。

「你不行，不夠刺激。我需要新奇的刺激。反正找到以新穎的手法使我能滿足的人，不知你有沒有認識的？」稍微正直的女性都會這樣說。她們都很喜歡性慾旺盛，富有變化的男人。

使她滿足施虐淫工具為穿著黑長統鞋，並著橡皮衣服，這種牡羊座的女性，在手上拿著鞭子，想自己乃支配者，更認為是惡魔的化身而興奮起來，這樣因輕視男性而性慾就亢盛起來。

她們也很喜歡穿黑色長襪，並使用黑色襪扣和穿用有色情氣氛的露出乳頭胸衣，當男性看見後，即被迷住而和她發生性行為，可是這卻是倒霉之事，至多經半年後，便會元氣大失而被一腳踢開，然後贈最後一言——「你已經夠了。我倆並沒有緣份！」

●牡羊座的女性VS牡羊座的男性

這是原來精力旺盛的男性，因女性積極攻勢而終致男性力不從心所引起的糾

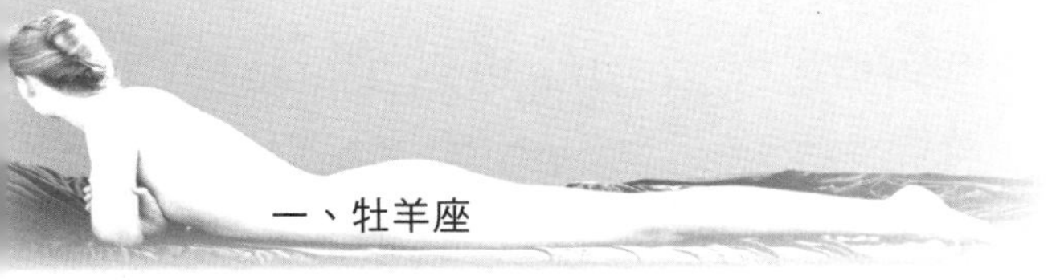

紛事件。

男性本以為是性行為的主動者，但是，女性主動地要求要如何如何，結果使男性受驚。

這樣累積後終會勃起無力，所以，最重要的是必需互相讓步。

●牡羊座女性VS金牛座男性

因係兩者型態相異的性行為，所以要預知有那些偏異之點。不管在什麼場所，只拼命要求妳，真會令人想到「這男人會不會是色情狂」。可是這是金牛座男性與生俱來的。

如果想要長久維持美滿的婚姻生活，就要女性製造使男性的性感持久氣氛，趁早精研性行為操縱術。

●牡羊座女性VS雙子座男性

以性緣份而言，是最相稱的一對。因為二人對性行為都有興趣，要求性愛技巧和氣氛，所以要儘量研究一些方法盡情地享受。

他有時可能會很大膽地要求，如果有求必應，到最後可能會力不從心。所

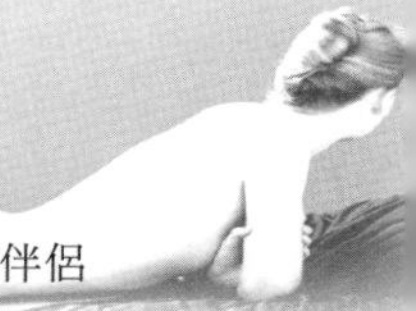

以，聰明的妳要用別的辦法使他滿足。要控制使他的要求不致超出限度，這樣才能維特長久的愛情。

●牡羊座女性VS巨蟹座男性

巨蟹座男性為能符合妳情熱的最有力候補者。遇到這種男人，你自然會有「若和這個人過一夜該多好」的念頭，對方同樣也會渴望和妳上床。

雖為最相配的性方面伴侶，但卻有別於婚姻生活，倒不如說是沒有結婚的緣份，是無法節制感情的類型。如果兩人無法找到共同的興趣，恐怕很難持續下去，危機四伏，需格外注意。

●牡羊座女性VS獅子座男性

二人都很熱情，和這種男人在一起，對於性問題不需要客氣。不是特別矯作的性遊戲，他也會高興。

為怕他覺得呆板無味，想以變化新穎的方法去誘惑他的想法實在沒有必要。和他很親熱後，施一點變化是無妨的。要滿足他的自尊心也是很重要的，直率地誇獎他赤裸的健美肉體，也是必要的。

●牡羊座女性VS處女座男性

也許妳會覺得處女座的男人太溫順，而玩起來不過癮。可是，由於妳不矯揉造作的態度會慢慢地動搖他的心。

因為他不隨便主動說出有關性行為的話，屬於慎重型的人，所以可由妳的率直性格補救。但是不要以為他溫順，就強要性行為，或以變異的性方法對付，這樣是不智的。

●牡羊座女性VS天秤座男性

不同於性行為率直的妳，天秤座男性是品格較為高尚的。如果妳要求得太緊迫，他會讓妳期望落空，而教訓道：「處女貞操要好好守護。」

當然他也是人，到最後也會屈服於妳的引誘。不過所要注意的是，對方將性行為當做重要的結婚儀式一樣神聖，若過份要求可能會招致反效果。

二人的適合度還不錯，性行為情況如何，就看妳了。

●牡羊座女性VS天蠍座男性

這是可以經得起激烈刺激而盡情享受的伴侶。天蠍座男性的性能力極佳，隨

時都顯得機敏而很有精力。

缺點為因個性關係，常按自己喜好的方法進行。因此容易發生爭論，不過爭論吵架亦是性行為的刺激劑。若要說缺點則是牡羊座女性較不解風趣，天蠍性男性嫉妒心卻很重。

●牡羊座女性VS射手座男性

二人沒有水性星座的浪漫、拖延的情緒，是開放的一對組合。

一下子抵抗妳，一下子岔開妳的引誘，為射手座男性的生平個性。可是對幽默又感覺靈敏的妳而言，射手座的男性並非是敵人。

漸漸會正經起來和妳接近。然而最後有極好的性行為……。最初雖然會有點不順利，但絕不能灰心。

●牡羊座女性VS魔羯座男性

牡羊座的女性，個性是開放的，慷慨的，認為如果不盡情享受性行為等於一種損失。

但是，因為魔羯座的男性係膽小慎重型的人，最初也許裹足不前。可是，一

旦積極的「愛」接觸奏效時，愉快美好的性生活會展現在妳眼前。

這一對組合的男女絕對可過幸福的婚姻生活。

●牡羊座女性VS水瓶座男性

牡羊座女性，具有男性個性，富有俠義心，但常常因為太過於熱情，影響到其他人。兩者對於性生活都很喜愛。這二人的性行為很頻繁、幻想又豐富，在肉體上也不感覺疲勞。可以儘情地享受性生活。

對於妳的建議，他大多會附和喜歡，可是，有時也露出不高興的表情，但這不過是暫時性的。要巧妙地使男性喜愛妳的一切。

●牡羊座女性VS雙魚座男性

雙魚座男性很難捉摸，善於操控他人，感覺神經特別強烈。

對於性行為不但喜愛，而且有很容易沈溺的性癖，大致而言多易被引入歧途。不過，若是女性積極採取主動時，他就會遠離而去。

可是如果這樣就知難而退，實在是愚不可及。妳要對他說：「我要讓你體味性行為的最高樂趣。」這樣一來，他就會永遠屬於妳。

二、金牛座

taurus

4月20日——5月20日生

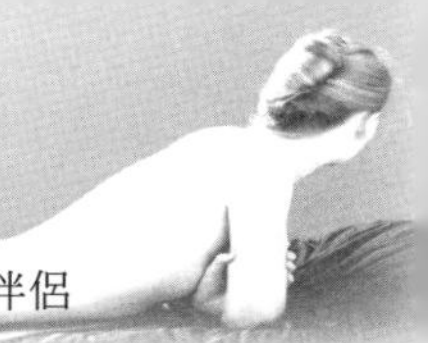

♉金牛座男性的魅力超群

老實說，金牛座男性和激情家型的人無緣，很有耐心，能克服困難去實行的人較多，但要到決心卻要相當時間。不過不會輕易放棄。看上的獵物要到手以前，他會很有耐心地去等待。

金牛座非常謹慎，要找女人時，絕不會性急而到處物色，一旦挑選出最滿意的對象，喜歡上對方，就會誠實的表露感情。在女性方面也許會有「真是反應遲鈍的人」的想法而洩氣的例子。

不過對於來誘惑的女性，卻非常頑強。其誘惑只是以一個晚上的風流為目的，或真心誠意有戀情，一眼即會看穿。對於存心不善的女性，絕不會輕易地受騙上當。

不用說，性慾必定很強，肉體也好像經過嚴格鍛鍊一樣健美，令人有一種夠資格做準世界健美先生的感覺，他的性魅力當然是超群的。就是穿衣服也可知極好的肉體美，這就是金牛座男性所具有的特色。

像這樣的人，他的性能力怎麼會衰弱。

金牛座男性，頑固的程度也佔第一位，在結婚當初，雖尊重妻子，但時間一久即會露出真面目，女性如頑強或頭腦遲鈍時，最後有可能動武，但最初是不致出手的。

他們迎入女性時，會細心注意房間的一切，並弄得乾乾淨淨。被外觀的潔美所吸引的女性，無形中會以身相許。

在暗淡的燈光下，響著動聽的輕音樂，在桌上排著香檳酒。金牛座男性都很重視室內的氣氛，在單身時也很注重傢俱以及室內的佈置，就連壁紙的圖樣亦花很多心思去挑選。

可以盡情享樂性生活也是金牛座男性的特點。不同專注於「幸〇〇人」的風流者，金牛座男性的性能力是真實的旺盛。因此在結婚對象而言，是最合適的伴侶，隨時可理解對方的需要。

由於這個原因，當女性性慾望湧起時，馬上傳到他的全身，而完成準備體勢。換句話說，可以縮短前段時間，而女性就不必滿身大汗設法使男性興奮勃

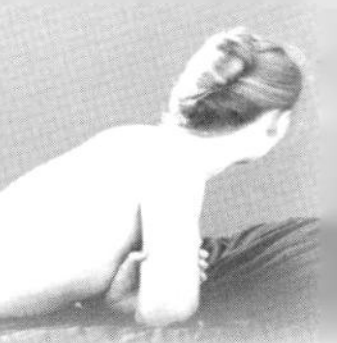

起。簡言之，為自己興奮勃起。

新穎不需前戲就直接性行為的事，在性教科書所教的基本知識，對金牛座男性而言，是很重要的。他很仔細地研究基本技術，同樣希望女性也具備這樣的技術。

金牛座男性喜歡延長到最高潮的時間，討厭瞬間爆發的性行為。又不善變換步調，所以性交途中，對於想變換步調而享樂的女性很難達到目的。

金牛座男性其缺點為缺乏有關性的想像力。時常重複基本技術且不善加以運用變化。對於華麗的性行為是無緣的，能使女性享樂的成績，只能說在及格邊緣。

在性行為方面，金牛座男性屬學究型。雖常常呆板地進行而不很好玩，但經女性提出建議時，卻會振作起來。漸漸地他的平均分數往上升，家庭氣氛亦會趨向圓滿。

性能力過剩，有時亦會成為抱怨的原因。因為女性一方也在享樂，對於過剩的問題雖不抱怨，也會傳入耳目……。

對持久力有自信的金牛座男性，因不善華麗的性遊戲，想以持久力的優點來彌補。持久力和變化技術情況不同，若女性想享樂變化技術，應誘導男性。金牛座男性對於這方面的天份較差。

因此，若妳想以金牛座男性為對手，試以外國情調的奇異方式時，妳應該主動地講出來。

最好是使男性撫吻女性的外陰部，金牛座男性，喜歡使用嘴。可是不願意撫吻時，就不要勉強誘導。因對方比較頑固而又呆板，所以任你怎麼勸導，可能會以「我討厭這一套」而拒絕。

比撫吻安全的方法，是以香味刺激。

最近，流行以酒精替換香水。有香味的酒精味道，因體溫而擴散整個房間，男性在這種氣氛下，會溫柔地舐吻殘留芳香的玉體。

據說，土耳其是這種性行為技術法的發祥地。把倒在女性身上的酒由男性飲喝叫做「亞拉瑪克」yalamac。

「亞拉瑪克」係由土耳其人日以繼夜研究出來的東西，在土耳其以外是很難

得到的。不過沒有這珍品，也可以威士忌酒替用。

金牛座男性因對於香味很敏感，很容易屈就於有上述香氣的女性。

●金牛座男性VS牡羊座女性

不要以為「這是對於性行為很急躁的女性」而灰心。對於性慾很忠實的女性，實際上很難隱瞞。這種很積極地要求性行為的女性並不多。要加倍努力以應付她的需求。

起動慢的你，令人感覺決斷緩慢，動作遲頓，最初也許不能吻合她的拍子，交往一深，她會理解你的誠實性。

性生活方面大概以女性上位，女的領導男的，但假如女性要求太奔放的體位，可能導致丈夫的萎縮。

●金牛座男性VS金牛座女性

不要以為屬於同一星座的人就很相配，其實並不盡然。對女性來說，愛情比實際的性行為更重視。可是男性因常會分心而成為負的要素。

金牛座男性常被其他的女性所迷，也有喜歡比自己年長的女性之傾向，或有

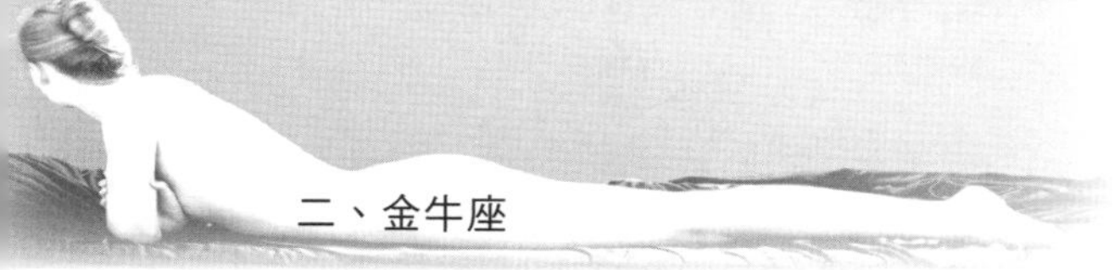

時為同性的魅力所催動，這樣容易引起女性的反感。結婚生活很順利的例子雖很多，但原則上其或然率為一半。這或然率要看女性的態度而定。

●金牛座男性VS雙子座女性

這是性格最不同的對手。當你看到好像二重人格變化很大的她時，你一定會束手無策。雖知對方會因氣氛而變化，可是也許會因她的溫柔而迷惑，但最好還是少深交為妙。

雙子座女性對你性技巧的步調適應可能性不大，因為她是講究技術變化快速的性行為主義者。但假如能應付她的多樣刺激，時常有體貼、奉獻的心時，也能維持很好的關係。

●金牛座男性VS巨蟹座女性

這是應感謝老天所賜很相配的一對好伴侶。她是吻合你性拍子的女性。外表雖不很吸引人，卻值得信賴。

對於性行為，慎重派也很恰當。男性雖有持久力，但不喜歡特別的體位和愛撫，慢慢地依自己的進度，在性行為當中做為談情話的對象，也是很理想的。應

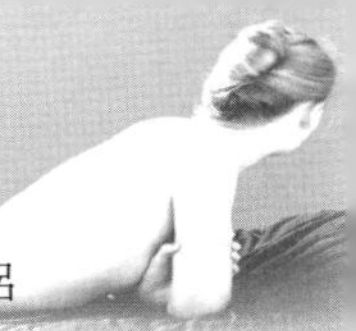

把性行為當作愛情的證據而去珍惜它。有時雖會有性機能不一致的一對，可視之為例外。

●金牛座男性VS獅子座女性

這對於男性而言是一種考驗。具有把你壓倒似的個性強的女性，也會不客氣地向你要求性服務。

因她把性行為當做人生最大樂趣，所以你可能會力不從心。而對喜居領導地位的她，除加倍努力外，別無辦法了。總之，在一起時，不要忘記服務的精神。如果做不到上述的要求，就不要再接近她了。

●金牛座男性VS處女座女性

首先要瞭解她不像你那麼關心性的問題。如果你一性衝動就要求她配合你，有時她可能會拒絕你。頭腦聰明的處女座女性，那時也許會指摘你，若是你生氣的話就等於輸了。

在性交時沒有必要採用變化技術，同一方法進行她便會滿足。基本上問題較少，只要視情形調整性交的次數，即可過著幸福的生活。

●金牛座男性VS天秤座女性

你的對手為富有愛情的心和性行為的女性。從心底誠實地溫暖男性，進而集中全身的精神對待你，使互相能享受性生活。不論性問題發生何種困擾，聰明的她必定會把你從那深淵救出。

性行為的刺激達到最高點，且能享受絕頂快感，這要全部歸功於她的密切配合。你應該好好地愛護她。

對於誠實的你，她也會熱情地加以回報。男性最好能多研究性技巧，講些甜言蜜語，以增加閨房樂趣。

●金牛座男性VS天蠍座女性

做為情事的對手雖很理想，但是結婚生活又另當別論。因二人性能力都很強，所以可體會最高潮的興奮。

兩人的嫉妒心都很深，又隱藏在心中不表露出來。雖沒有必要移情別戀，但二人往往無法融洽相處，那是緣份的問題。倆人都自說自話，而又不肯讓步，故一旦發生衝突很難收拾。

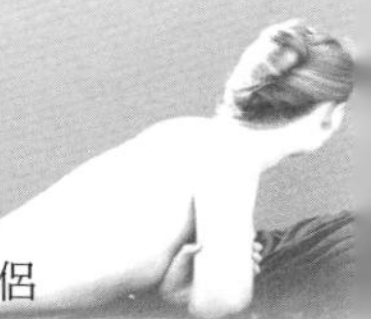

●金牛座男性VS射手座女性

她是個相當有雄心的發展家。本來就是很認真的你，憑優異的性能力，欲努力於吸引她的關心，不巧地女性也是性能力很強的人。

不過，是否願意和你搭配無間，不得而知。可是若搭配得好時是最理想的了。對於她的性搭配，你可興奮而盡情享樂。要怎樣使她發揮性才能？是辛苦耕耘有代價的女人。

●金牛座男性VS魔羯座女性

二人雖對性行為很有興趣，但這一型的男女，並非不擇場所就蠻幹的人。不是性衝動者為二人的共通點，感情也趨於一致。

不過，她不率直地表現性慾望，也許會令你不耐煩。雖然如此，她會盡量地迎合你，因此你要緊緊地擁抱她。

●金牛座男性VS水瓶座女性

她是覺得浪漫史較性行為更有魅力的一型。並非主張純理論的愛，而不重視肉體的接觸。有精神的性感覺，和性慾第一主義兩者無法避免的分歧處。

當她對你說「只要有精神的愛，我就滿足了」時，相信你不會退卻吧。她一方面也很想磨練自己的性感覺，所以你只要順應她的心理就好了。不過，基本上還是要多注意性格的不一致。

●金牛座男性VS雙魚座女性

她是令人有一種可愛的性小惡魔感覺。剛在某一瞬間，突然要求性行為，可是在另一瞬間又露著樸素不知的面容，而轉到其他的話題。

她的內心雖很喜歡極樂的性行為，但對於講究氣氛的她，卻無法維持長久。要如何使她能維持長久，就要看你的手腕了。結婚生活能美滿與否，其關鍵在於你手腕的高低。

♉以天生魅力靠近男性的金牛座女性

掌握金牛座的人的運命守護星為金星。在羅馬神話裏認為是美和愛之神，所以不會沒有俊男相伴。事實上，金牛座的女性，大都為和藹可親、活潑可愛的溫柔女孩。

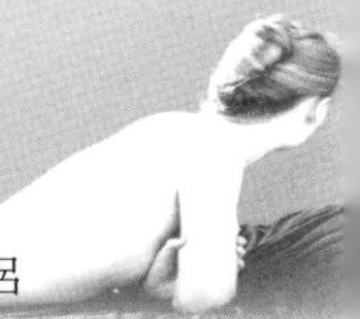

迷惑男性的表情和態度，都是神所賜予之物；她輕蔑那些拼命研讀「成為有魅力女人」的同事，並且在工作場所散播天賜的魅力。

例如在舞會時，跳得疲倦的女人坐在椅子上。然後毫不在乎地把腿翹起來，因其美妙的動作，男人會感覺到「愛的信號」，舞伴會自動聚集過來。

所以，女性若想引誘男性的注意力轉向自己非常簡單，只要向固定方向微笑一下就好了。女性愛的引誘會突破空間而命中男性的心臟。

她是具有色情上的魅力和超群能力的人。可是她並非以保守的性格歡迎任何男人，這是男性棘手之處，無論何時要意識到有競爭對手的存在而努力，這樣才能得到愛和美女。

認為愛是直覺的金牛座女性，在瞬間即可辨別對手是否為喜歡的一型。愛的天線發達亦超級出眾，又可很正確地發揮作用。

平常為男性標物的她，若有冷落感時，很可能會迅速地湧出鬥志。如果覺悟到沒有希望時，她多半會訴諸直接行動。

也許會瞄準你的臉部以杯子或盤子襲擊，是不是光榮的負傷不得而知，但和

金牛座的女性來往時，最好參加意外傷害保險。

可是順利的話，可發揮最高尚的女性氣概。自以為被愛的金牛座女性，都會更努力的使自己更有女人味。操縱男性的狡猾和溫柔，是她的天賜武器。對方若不通曉這謊言，一旦陷入她的迷陣時，要考慮是否永久地來往，或依賴保險而覺悟負傷的發生。

金牛座女性，也許會招待男性至點有蠟燭的晚餐桌上。有一流餐廳也無法嚐到的美味，男人只有感嘆的份而已。對於酒的選擇，專家亦會退避三舍。歌喉好的金牛座女性的聲音，和刀子及湯匙聲音調和而使男性陶醉其中。柔軟質佳的衣服上的寶石光輝，及暴露的女性柔軟細嫩的肌膚更是迷人。……當看到金牛座的女性美麗的肌膚及豐滿的胸部時，你不被迷住才怪。

餐後是跳舞，她的步法非常的美妙且輕快，隨時可指導你。男性配合其拍子時，她的舞即可進入佳境。你一定會被香水的味道吸引住，要理解她自己寫的劇本所演出的過程是很重要的。

性遊戲只要照教科書進行就夠了。腳踏實地，忠實專心地施行，根本用不著

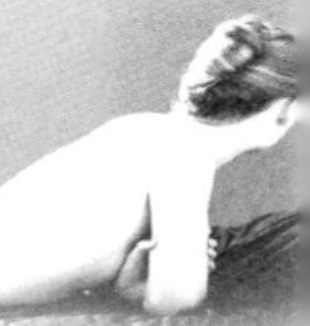

變化術。對於希望由男性按照教科書教導的她，應避免有多餘的舉動，而導致相反的效果。

和女性典型般的金牛座女性接觸的男性，容易誤為使用普通技術而無法使這型的女性滿足，但是需瞭解到，典型的女性有時最基本的遊戲也會得到很大的效果。

你要發表更上級的性技術法，最好稍後再談。

當她瞭解你精通基本技術時，金牛座女性即會委身於你。她並不喜歡長時間的前戲。

雖可接受溫和地摟抱、愛撫或接吻等愛情的動作，然而這究竟是前戲，若將時間拖長，對於精巧的她來說，反而會影響氣氛。

先說要到寢室的多為金牛座女性。她除了心裡很興奮外，常以誘惑男性為樂事。與其被男性引誘進入寢室，她們都喜歡以主動積極的態度進入。

●金牛座女性VS牡羊座男性

過慣恬靜生活的你，面對快速拍子的她，可能張慌失措而招架不住。既難以

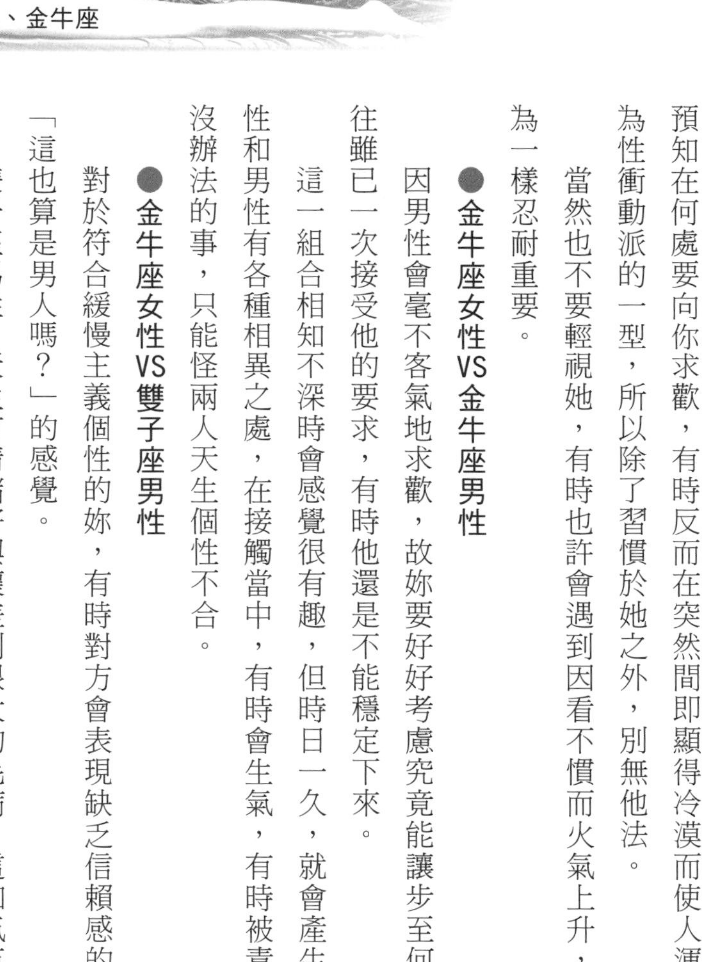

預知在何處要向你求歡，有時反而在突然間即顯得冷漠而使人渾身發熱。因對方為性衝動派的一型，所以除了習慣於她之外，別無他法。

當然也不要輕視她，有時也許會遇到因看不慣而火氣上升，但還是應和性行為一樣忍耐重要。

●金牛座女性VS金牛座男性

因男性會毫不客氣地求歡，故妳要好好考慮究竟能讓步至何種程度。可是往往雖已一次接受他的要求，有時他還是不能穩定下來。

這一組合相知不深時會感覺很有趣，但時日一久，就會產生很多小問題。女性和男性有各種相異之處，在接觸當中，有時會生氣，有時被責備不誠實，也是沒辦法的事，只能怪兩人天生個性不合。

●金牛座女性VS雙子座男性

對於符合緩慢主義個性的妳，有時對方會表現缺乏信賴感的態度，因而產生「這也算是男人嗎？」的感覺。

雙子座男性，天生有情緒好與壞差別很大的毛病，這和氣氛安定的精力型的

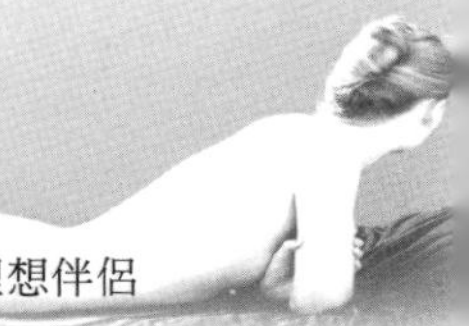

妳不能相比，當然性生活亦多難以美滿，被口才好的他引誘上床雖無可厚非，但結婚問題卻要慎重考慮了。

●金牛座女性VS巨蟹座男性

為順應對方而改變自己，對妳而言似乎是一件困難的事。但是，若以巨蟹座男性為伴侶就不用擔心。

兩人的性生活很平凡，只是正常體位的反覆而已。不會是因妳對性行為不敢大膽，就失望掉頭而去的對手。相反地，他會很適當地替妳服務而維持雙方的愛情。只要肉體上的需要能配合一致，就是容易相處的一對。

●金牛座女性VS獅子座男性

因對手性能力很強，喜歡女性殷勤服務的男性，故妳對性問題要有相當的訓練，同時儘量要有求必應，若對男性的希望能誠心誠意予以滿足，性生活不可能發生問題。

認真的妳，經男性說些誇張阿諛的話來幫助氣氛後，勇於學習的妳，對於性方面的技術，一定很能迎合男性的要求。可是疏忽努力，卻會破壞了婚姻生活。

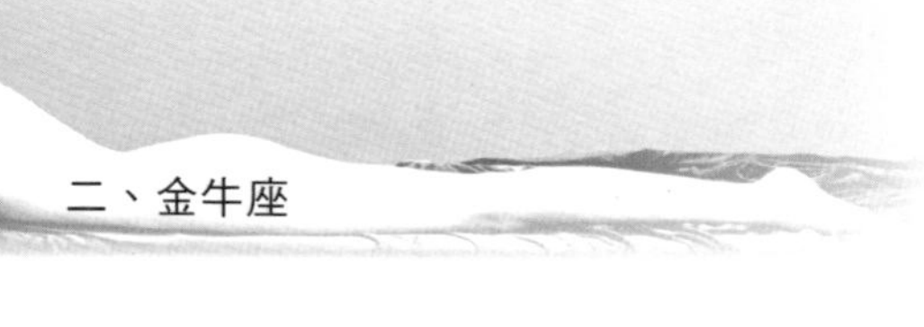

●金牛座女性VS處女座男性

妳對於性的慾求超過了對方，而他並非是對性生活要求太激烈的一型。尤其是生長在把性視為罪惡環境中的人，其傾向更強烈，所以，妳可能對於慾望的需求會覺得較為困難。

處女座的男性，認為性行為是義務性的，精力也比女性差一點，但會重視家庭的美滿生活，只要妳不太過份要求性生活，雙方可相處得很好，而在婚姻生活上不會發生問題。

●金牛座女性VS天秤座男性

遇到了理想的伴侶。他會情熱地享受性生活，同時也時時關心妳是否滿足。為儘量使妳滿足而自己也盡情享樂性生活的最理想男性。

具精力及強烈肉體性感的妳，他多采多姿的感覺刺激性技術，可使妳享受到絕頂的性生活滋味。

在夜生活性遊戲上，妳可盡情地要求或引誘他，他絕不會讓妳失望，可建立理想的夫妻生活。

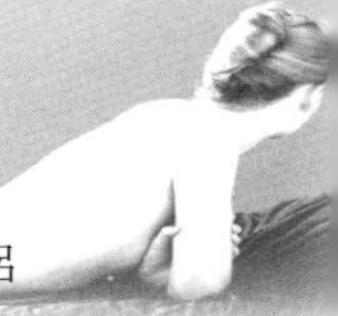

●金牛座女性VS天蠍座男性

和他的初次體驗，妳會覺得好像夢遊一樣飄飄然。雙方對於性問題都很敏感，在他大膽熱情的擁抱下，妳自然而然會燃起性行為的火焰。

婚後生活如果有這種情形當然沒有問題，但在現實上，因雙方個性固持的關係，很難瞭解對方話裏的含意，假如有吵架，就可能很長的時間不講話。

雖然有時會因意見不合而鬧意氣，但雙方對於性方面的興趣很濃厚，因而容易和好且維持良好的性生活。

●金牛座女性VS射手座男性

性生活方面很平凡，按照約定日曆表行事，其他的時間就很難配合。

在性感覺上，經體驗後即可知道雙方的性能力都不會比對方差。尤其是射手座男性方面的高手較多，經他的導引，在性行為時，妳必可極度興奮而具有滿足感。

不過該型男性，多對愛情不專，是否能維持長久的愛情是個問題，雖有這種顧慮，但在性方面則為最理想的伴侶。

●金牛座女性VS魔羯座男性

性生活非常調和，雙方能達到最高的官能享受。

魔羯座男性，對於性感覺很敏銳，又無早洩現象，但卻不善於將自己的希望告訴對方。因不率直要求對方而常讓對方焦急等待。

雖然如此，可是他總以為「性交應由男性採取主動」，當妳直接求歡時，他就不高興，但長久相處建立深厚的感情後，他就不會計較細節，對於慾望較強的妳，也能得到十分的滿足，性生活會漸趨順利。

●金牛座女性VS水瓶座男性

妳對性生活有鼓動男性性慾的執著性，但精力較弱的雙魚座男性，有時會顯得無能為力。

水瓶座男性作為妳的性伴侶，也許不會使妳滿足。妳很重視性的享受，可是，他對於愛情問題卻有哲學般的觀點，如果太過份要求性行為恐會有反效果，一旦對方產生反感，雙方的感情就容易破裂了。

因對性的看法迴異，這也可能是導致雙方不和的原因。

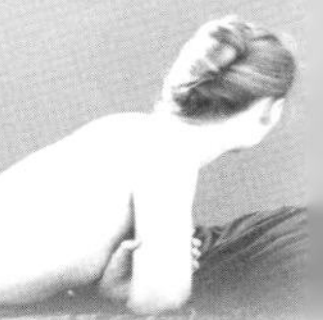

●金牛座女性VS雙魚座男性

對於沉靜的性實力派的妳而言，雙魚座男性很難和妳相配。性生活的步調亦很難一致。

妳會煩惱他的夜生活興致，有心情時一個晚上兩、三次，有時候卻連續二個星期都沒有動過妳一根手指。

乍見之下，對方好像很關心問題，但在情緒上的變化卻很大。若妳能瞭解他的個性，而積極地引導他，婚姻生活必會漸趨美滿。

三、雙子座
gemini

5月21日——6月21日生

Ⅱ 雙子座男性的性生活注重視覺

雙子座的男性，簡而言之為「忙人」。一會兒想這，一會兒想那，天天在忙碌中過日子。換言之，這型的男性想比別人過更多彩多姿的人生，有將一星期或一個月的時間濃縮在一日的天賦才能。

這種男性對女性而言是很棘手的。因常改變話題，究竟對她是否有意思不易察知，致使女性憂喜參半。

因天生就是外交家，對於周圍的女性，互相都很談得來，但一般女性常誤以為這型男性不適合而悄悄離開他，可是誰也不能保證這當中沒有可作為好伴侶的女性。

雙子座的男性，天生聰明，頭腦也很靈敏，故有不輸給女性的觀念，常常故意對前來示好意的女性冷淡。

這類型的男性對性行為有兩種不同的樂趣。一種為漸漸進入高潮的實際行為，另一種為觀看性遊戲而興奮。雙子座男性對於性感覺並行發達為其特徵，他常享樂性器接觸的興奮，和觀看對方及本人性行為的視覺而引起興奮。換言之，雙子座男性既是「行為者」，也是「觀察者」。

因此，雙子座男性在性方面有複雜的反應，和只顧自己滿足而不顧對方的個人主義性觀念有所不同。自己在享受肉體刺激和興奮之餘，他會進而觀察和自己性交的女性反應，這也許是天生的才能。

對方女性意識不到的遊戲，他也會很仔細地觀察，若對方有冷淡的表情時，雙子座男性的情緒會馬上轉變，而於中途下車。

另外，有人相信在性行為上，燈光和小道具較氣氛重要。在觀看上，暗淡的燈光並不能應合實際需要。對於覺得害羞而要求把燈光弄暗的女性，要如何說服是個問題，幸好雙子座男性口才出眾。

如果能進一步在性行為時，說服女性使用鏡子觀看時，雙子座男性可以說是勝利在握了。

這種類型的男性也喜歡邊看春宮電影邊做性行為。社會進步，幾乎家家有適合家庭用的錄放影機，也可看到演春宮電影的有線電視，這樣可邊看邊做性交。

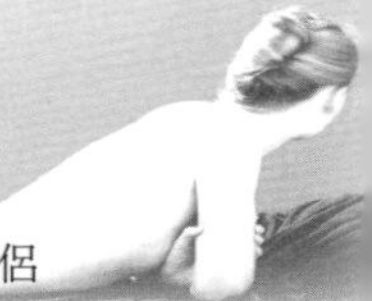

他們抱著不輸螢幕上的人而把所有性技術全部搬出來享樂，這樣的奔放熱演常會通宵不斷。

在女性的一方亦認為「如果輸給春宮電影上的女明星，是我的恥辱，反正女明星也不過是比普通人稍有經驗而已，這可由畫面一目瞭然，但感度還是我較高」——這種自傲沒有理由不使女性興奮得精疲力盡。

雙子座男性的性行為可說是慢動作的。性技術的變化也很豐富，喜歡接吻女性生殖器的男性雖很多，但對於雙子座男性而言，只能接受單一性技術，故在接吻女性生殖器技術乙節即比其他男性略遜。

不過，多才多藝而使女性全身興奮的雙子座男性，可數第一位。一會兒吻耳部，一會兒撫吻背部等，能正確地接觸到女性的性感帶。

另外，可持續長時間為其特徵。但是，在插入後卻不太盡興。雖然絕頂感如暴風雨一樣來到，而他並不認為這就是性的全部，故而不感到十分滿意。

性技術的程度，也可在引誘女性至床上時發揮出來。在這種情形下，女性自然而然的會興奮地期待著馬上來臨，令人陶醉的性行為。

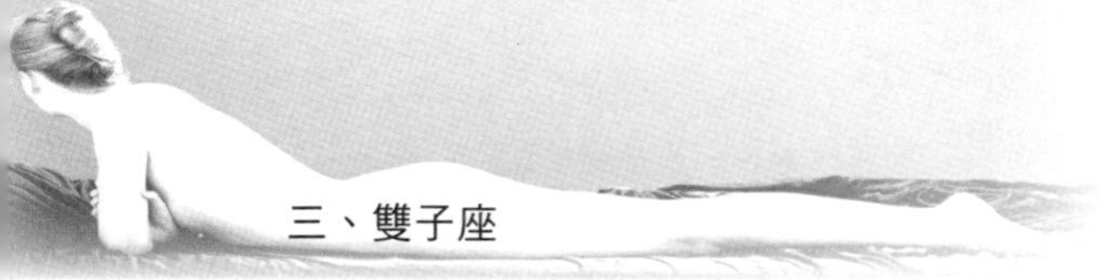

雙子座男性對於性行為的好奇心很重，但卻沒有女性對此有怨言。其他星座的男性對於多彩多姿的性技術及性會話大多不關心而使女性失望。在會話當中，女性常以為下次的性行為可能更刺激而懷著快樂的期望。

雙子座男性最喜愛常因興奮而達忘我的遊戲，是團體性行為。對於一人二職的團體性行為可能會享盡快樂。他最大的樂趣，是一邊看使用自己手指向後仰著身體做手淫的女性。

●雙子座男性VS牡羊座女性

充滿爽朗及活力的牡羊座女性，似乎不覺疲勞。身體像火團一樣燒盡以前，她可持續激烈的性生活。這型的女性白天和夜晚的生活完全不同，賢妻良母型會變成富有野性，絕不會在床上反應遲鈍。有時她雖有令人驚訝的變化出現，但這卻更能引起你的慾望。

這種星座結合的男女，可由美好的性關係而延伸至幸福的婚姻。

●雙子座男性VS金牛座女性

因對方的反應較為緩慢，缺乏感受性，面對著這樣的對手，有時你也許會覺

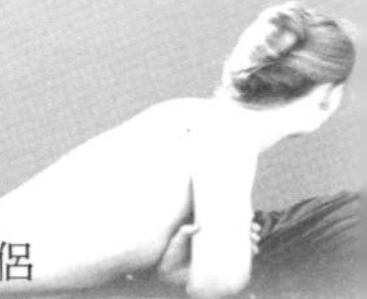

得疲勞。對方因反應緩慢，所以無法適應轉動快速的步調。

若以金牛座的女性為性伴侶時，原具有高度性技術的你，想用敏銳感覺來得到陶醉，多少是會不一致而失望，所發揮的效果也許會減少一半。

這型的女性，認為你僅是她一人所有的伴侶而常多所要求。因為不知男性的情緒和想法而叫他們掃興，這只能說兩人沒有緣份，真令人惋惜。

●雙子座男性VS雙子座女性

這一對組合，在雙眼視線交接的瞬間，即能發現彼此的吸引力。

這一對男女的性關係很複雜。她和你一樣，因不需指導，故其性行為純屬快速派。你也屬活動型，所以應戰自如。

可是如果雙方採取急速性行為，也並非好現象。精力旺盛固然好，但在雙方急速之下，往往無法體會性行為的樂趣。有時在雙方配合得很好時，雖有可能體會性行為的樂趣，但卻難以維持長久。

●雙子座男性VS巨蟹座女性

性生活不是耽溺型的，但亦能配合良好。對天生好色的你，巨蟹座的女性也許不很適合。由於你想過著快樂坦直的人生，把性生活率直地表現出來，若發現對方無法承受時會馬上轉換方向。

你天生具有旺盛的陽剛之氣，完全屬陽性的性生活。但巨蟹座女性屬陰性，有時候也會疲倦，常常要性交都不開口要求對方。這樣一來，反而使婚姻生活更覺得索然無味。

●雙子座男性VS獅子座女性

個性誠直的你，想儘量享樂性生活。提議各種性交的方法，讓她選擇。所幸她對你熱心的態度很喜愛，並且儘量使你能得到快感和滿足。雙方都能享受性技巧的樂趣，所以能體驗各種體位。

因此，你可放心享受性生活，同時也應愛護她。她不拘小節，同時也不會使你操心，是很好的結婚對象之一。

●雙子座男性VS處女座女性

對於喜歡求性行為變化的你，處女座的女性，因為害羞和謹慎，總令你有她在拒絕你的要求，令你有一種反應不靈活的感覺。你喜歡完全依自己喜愛方式自

由自在的性生活，她是認為性生活也應有規則的保守派。

因她有固執的守舊觀念，所以，很有可能將享樂的性生活弄得單調乏味。最後易使你移情別戀，則雙方很難相處在一起。

●雙子座男性VS天秤座女性

這是性的性相非常相配，雙方都有製造氣氛的能力，互相受惠不盡而很理想的一對，可謂是天作之合。無論性行為的步調、知識和變化的豐富，雙方可說是一流的選手。

因兩人有深厚的愛情，並同好性行為，故這一對男女很難分離。她很喜歡做性的冒險，也不會厭倦於擺出大膽的姿勢。雙方事先商妥後，再享樂夜間的性冒險吧！

●雙子座男性VS天蠍座女性

這一型的男女，最初可勝任激烈的性生活。可是，雙方雖同好此事，但不一定能過著美滿幸福的生活。

她會隨時監視你是否見異思遷，移情別戀。如果你身上有口紅的痕跡那問題

就大了，她會馬上跟你起衝突。

你也常常適度地做壞人，而使她焦急萬分。因雙方均有互相反抗的心理，最好要避免共同生活。

●雙子座男性VS射手座女性

這是個性興趣等比較相似的一對，由於不斷地變換性交的方式，最後容易因次數過多而疲勞。可是有時你卻難以滿足她，因為她喜歡活動性的戶外性行為，而對於室內的性交有時會不感興趣。

但是她很瞭解對方的立場，對於性生活的需求絕不會強人所難，這一點是令人佩服的。如果好好領導她，婚後的生活會更加美滿。但兩人都是見異思遷的性格，這個配對的離婚率是不低的。

●雙子座男性VS魔羯座女性

魔羯座女性，天生個性較為消極而容易使人操心，不像你無憂無慮自由曠達的樂天派。

她所關心的是「由於我信任你，就能生活下去了嗎？」因為她盼望能有一個

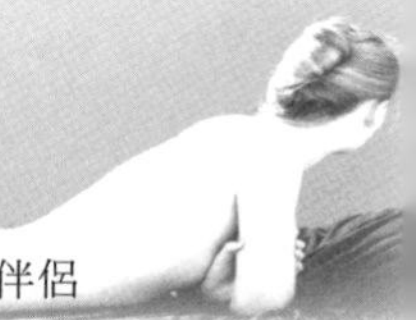

安心可靠的丈夫，你使她有一種可以寄託的安全感。

當然性生活的美滿也是其中的重要因素。在這一方面，如果再讓她煩惱，那就有失男性氣概。

●雙子座男性VS水瓶座女性

你是最瞭解這型女性的人。你要隨時察覺她的需要，並好好地配合，使她能滿足。面對性行為是高手的你，在這方面她一定會興奮滿足。

水瓶座的女性，對於性生活有很多幻想。由於你能把這些幻想一一變為令人興奮的事實，她會很感謝神明的賜予。在穩當及調和性生活中，她給人的印象不錯，縱使斷絕性生活的關係，也可做好友。

●雙子座男性VS雙魚座女性

這是需要臨機應變的一對。她因富有感情，故常常未能吻合你的見解。因此，你最好不要勉強她一定要配合你的步調。你要坦誠向她說明，尋找最適合二人的新方向。

富有性才能的雙子座男人，要避免糟蹋伴侶的愚蠢舉動。

Ⅱ 若彈法適當即可奏出妙音的雙子座女性

雙子座的守護星是司智能與辯才的水星。頭腦的轉動迅速，有優秀的理解力，是聞一知十的類型。

男性多愛金屋藏嬌，一生中總想和自己太太以外的女性做愛。如果要和多數的女性來往，也是一件不簡單的事情，但雙子座的女人因彈法不同而有千變萬化的音色，雖只有一人便可發揮一個大後室的作用。

她具有迷惑男性的神秘容貌，但是每次和她接觸，氣氛卻各有不同。看到她令人眼花繚亂艷麗的變身，男性多會被迷住而想盡辦法去接近她。

天生具有社交才能的她，可說是傑出的社交家。她以動聽的語言感動男性，進而以艷麗的容姿壓倒周圍的人，最後便成為眾人的中心人物。對於這樣的女性，男性沒有道理不拜倒石榴裙下。

又加上她富有濃厚的同情心，所以大家都很喜歡和她商量事情。因此交友面慢慢擴大，但需要注意的是，雙子座女性比較希望「廣而淺的關係」。原有移情

傾向的她，對於固定於一位男性或工作會感覺乏味。雖很好相處，但和她交往，需要有將會很勞累的準備。

和一下強調氣氛問題，一下又說是環境因素這樣囉唆的女性比較，與雙子座女性做一次交戰是極為快樂的。她不拘場所，又不介意氣氛的問題，她比較關心的是時間而不是場所。

她對於快速性交會敬而遠之，事先如果不確定是否有足夠的時間可盡情玩樂，雙子座女性絕對不會產生興趣。

另外，不要以為她不太重視氣氛，就強迫進行自己想做的事情，這樣會招致不良後果。例如若你說「喂！趕快把衣服脫掉吧」時，她必定會扳起面孔說「討厭，我才不聽你的命令」，這樣往往在成功之前會導致大慘敗。她認為性行為也應該有順序的觀念，絕對不允許男性忽視它而勉強進行。

在談話時，前戲當中要對赤裸裸的她誇讚，以調和氣氛，並一方面慢慢地用手指刺激其陰部，這樣不慌不亂以溫柔的氣氛愛撫她時，她也會把愛的反應確實地回報於你。

若僅為一次的接觸那是另當別論，如果想和雙子座的女性長期往來，性行為的照顧非常重要。

她對於性生活也追求理想化，認為某一個男人不夠刺激時，她不會第二次和他接觸。相反地，若能多次實現她愛的慾望時，就可以打滿分了。

雙子座女性，對於性行為的表現是積極而且激烈。雖不是常對性行為有強烈的慾望，但如果感覺有慾望時，都會率直地表現出來。例如，她坐在小船上時說：「親愛的，要不要放下船槳休息一下？」這就是愛的引誘。在郊遊時，她也會帶上很適用的毛毯。

雙子座的女性，不管人家眼光怎樣，會不客氣地要求開放的性行為。與其做「不喜歡這樣明亮地方」的抵抗，不如在明亮的燈光中，看著雙方的動作而興奮，來得有意思。

既是這樣，要引誘她能專心致志於性生活，就是男性的任務。一旦發生性衝動的雙子座女性，對於他人的視線毫不在乎，她熱衷於性行為，所以動作緩慢的男人不能算是男性！

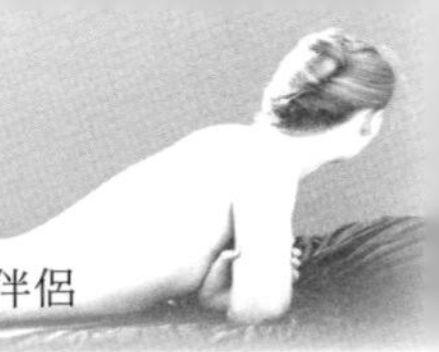

性遊戲的範圍，其他星座的女性能勝過雙子座女性的，還很少。

我的一個朋友是不很漂亮的雙子座女人，年紀約四十歲左右，曾經告訴我說，性交時讓她丈夫興奮的方法，這些方法實在很奇妙。

她和丈夫二人到酒吧，選擇燈光較暗的角落位子坐下，然後她就發揮其本領了。她把他褲子的拉鏈拉開，把陰莖拉出並且柔緩地磨擦。當她的丈夫要射精之時，她把玻璃杯悄悄地放在桌下用以裝入精液。她再慢慢地拿起玻璃杯，使其丈夫也能看見地把玻璃杯放在自己的面前。她大概有一點捨不得把這上等的雞尾酒飲下。但最後她還是把「男人上等雞尾酒」飲乾。

據調查，雙子座女性的性交次數出奇地多。其原因也許是想像力強、反應快，致性的幻想如泉水湧出。

她的性幻想中，也有女人介入。雙子座的女人在同性戀時，不決定是「男役」或「女役」。「不管那一種都很好玩」這就是典型的雙子座女人。

●雙子座女性VS牡羊座男性

雙子座女性反對單純的、暴君式的男性，要求性愛技巧和氣氛，因此，男性要注意學習性愛技巧。

他是性技術高手，也許你會連續幾次達到高潮。以這樣優異的性感覺來刺激你的人，不容易找得到。

不管你怎樣要求他都很歡迎。無論什麼新的性交方法，他都有求必應。這是可以無拘無束盡情享樂的對手，而且是最佳的性交伴侶。

●雙子座女性VS金牛座男性

在性生活，妳的能力比他高一等。如果經男性引誘可得到最高的滿足感，而妳神秘連綿不斷的性來源，對於金牛座的男人而言，則是負荷略重。

你具有時髦的性技術，然而對方卻是悠哉的慢步調，若以不合的步調繼續性生活時，容易引起不滿感而心情緊張。這是天生的生活韻律相異，故欲求生活的美滿，雙方應多加努力。

●雙子座女性VS雙子座男性

這一對男女，對於眼花繚亂的性生活，均能適應而滿足，享受深度的官能歡娛。雙方的呼吸步調不但一致，且互相對於性感地帶奇妙的接觸，感到無比美好

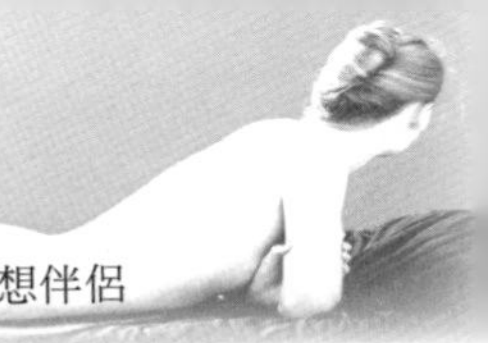

而熟練。當你們感到極度快感時，會覺得是理想的伴侶而歡喜。

可是，這令人陶醉的性生活卻不易維持長久。若興奮之山越高，其谷也越深。在結婚生活當中，谷間的時間會很長，當性衝動的韻律不一致時，容易滋生悲劇，結果這對男女在歡喜之餘，亦有沮喪的時候。

●雙子座女性VS巨蟹座男性

對於無論處理何事都很敏捷的雙子座女性來說，這種對手會令妳有一種遲鈍的感覺。對於性行為大膽的妳而言，對方實嫌魄力不足。和其他男性比較，僅僅這一點已夠令人失望了。

另外，巨蟹座男性很少前戲，還有神經質及膽小的缺點，實在不夠格做妳的伴侶。婚後生活不會過得很快樂。

●雙子座女性VS獅子座男性

在性生活上妳要儘量大膽地和他共樂。他一定能使妳滿足而且會溫和體貼地愛妳。他也瞭解妳這一型女性，對於性生活是個高手，而早已有心理準備，所以和他接觸時千萬不要拘束。

性器較大的獅子座男性，對於性生活是勇往直前毫無懼色。妳具有的女人味，對他是最大的魅力。當然這一對的婚姻生活，無疑是美滿幸福的。

不過，獅子座男性似獅子般的奮勇，雙子座女性能感到被虐的快感，但有時粗暴的行動反而使得女性退縮。

●雙子座女性VS處女座男性

對於祈求華麗性生活的妳而言，這類型的伴侶，可能會令人有無法滿足之感。處女座的男性對於性生活是屬於慎重派。為什麼他那麼拘束而自造不自由之牆，恐怕妳也無法瞭解。

他對於性行為的變化缺乏創意，而以基本技術為優先主義，始終以同一方式在進行。妳最後會感嘆他是「無聊的男人」。如果對這一點事先有心理準備，雖然能夠持續婚後生活，但妳給他的真摯愛情，能延續至何時，就要看妳了。

●雙子座女性VS天秤座男性

「以性生活而言，她是多麼能幹的對手！」天秤座的男性必定會這樣地感嘆。他會連綿不斷地把愛情奉獻給你，且性能力又很強，可使妳飽享性生活的最

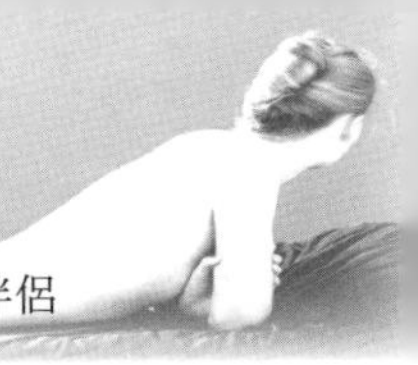

高樂趣。當然妳也要發揮威力，並不斷地以新的技術挑戰，這樣他會更起勁，你們的生活也會很幸福。

性生活是甘美的，雙方能尋求感覺性的刺激和技巧，兩人都喜歡浪蕩，這正好互相刺激。

●雙子座女性VS天蠍座男性

性生活的組合還不錯，男女雙方對於性感覺及性能力毫不遜色，故可盡情地享受性生活。但問題是妳的態度常使男性焦急，本來可使雙方快樂的談話，對於不懂幽默的對方，有時反而會覺得疲勞。有時也會被誤解而悶悶不樂。

如果妳能瞭解他的獨佔慾為愛情的證據，當然是最好，如果妳走錯一步棋，往往會招致不幸的後果。

●雙子座女性VS射手座男性

對討厭強迫命令式男性的妳而言，射手座的男性是相當合適的。他絕不會強迫對方發生性行為，也不是強行要求對方依其模式進行性行為的度量狹窄者。妳可盡情自由自在地享樂性生活。

他在性遊戲上，並非完全沒有弱點，他喜歡單刀直入的性生活，不重視餘韻而有馬上要求下一次性行為的傾向。只要瞭解兩人性行為速度有所不同，婚後生活即可相安無事。

兩心的性生活夜晚比白天更加刺激，男性的技巧和熱情，使得女性達到忘我的境界。

●雙子座女性VS魔羯座男性

也許這是男性和女性互相變換較為理想的一對。當然沒有必要犧牲自己而為對方服務，但要常瞭解他對妳的反應及態度。

處事小心的他，對於妳的行動也很關心地看護著，但卻不輕易講出口。在性生活很順利時，也不要太放任他。妳對他關懷的程度，可左右婚後生活。

觀賞的興趣高昂的魔羯座男性，可看清妳的每個部位，亦能變化愛撫的方式，雙方達到長時間的契合。

●雙子座女性VS水瓶座男性

因妳的頭腦很靈活，妳大概也知道在性行為方面，由妳引導較為適合。尤其是以水瓶座男性做伴侶時，妳可充分地發揮性行為的預感能力，而使他在極度興奮之餘，由衷地感謝。

他的期待感可在妳高度的性技術下，完全地填滿。以後是輪到他為妳服務了……。這樣二人會晝夜和睦相處。

●雙子座女性VS雙魚座男性

在性生活的複雜微妙人際關係之中，妳和他的溝通有時會不很順利。雙魚座的男性較神經質，處事很難像妳一樣率直，他本身也會對自己的性格感到很頭痛，並且想要改變過去的作風以迎合妳。

妳若改變過去的作風而和他建立新關係，那就成功在望了。他也正等待時機的來臨。

雙方都是耐力型的，可接受長時間的刺激，得到很高的性滿足。

四、巨蟹座
cancer

6月22日——7月22日生

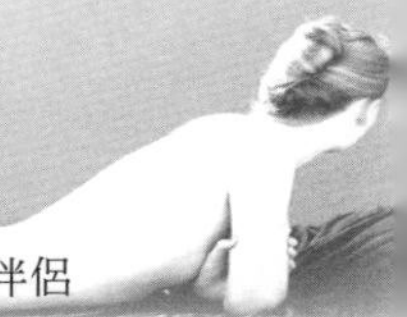

♋ 巨蟹座男性是性生活教師

巨蟹座男性最善於守口如瓶，大多擁有太太或親友也無法獲知的秘密。

巨蟹座男性，多有躁鬱症的個性，其情緒時好時壞，有週期性的變化。如果不了解自己的生理活動週期，就無法維持美滿的性生活。

在高揚期時雖會拼命地追求女性，但在情緒不好時，連酒家等尋樂場所也覺得無味而懶得去，這就是巨蟹座男性的個性。

他在人體週期率上升時，性行為的需求會增強，有時使太太忙得沒有睡覺的時間。相反地，若在情緒低落時，碰都不想碰她，因此難怪有些婦人會抱怨說「結婚當初，我還以為這個人有問題呢」。

天生情緒變化無常的巨蟹座男性，無法有效控制本身的感情。在性生活不順利時，即會有暴力的傾向。由女性看起來是屬「警戒型」的人。

在性生活上，巨蟹座男性喜歡做「性教師」，他最感興趣的是把沒有經驗的少女，教導成一個很熟練的人。當調查詢問女孩們誰教妳「如何刺激男性而使他

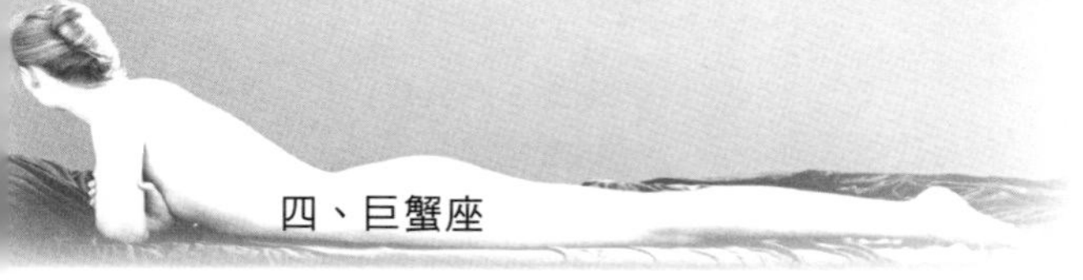

極度興奮」時，她們幾乎都回答是「巨蟹座男性」。

「性教師」的巨蟹座男性，也許更可使缺乏性經驗的女性享樂。對於懇切詳細地指導性技術的巨蟹座男性，切記勿說「這些我早就知道」。對於巨蟹座的男性而言，這是個痛苦的打擊，在這種情況下，會失去戰鬥意慾而陽痿的現象，無法馬上恢復。

在性生活歷經百戰磨練的女性老手之中，即使是精通古今中外的性典，對於巨蟹座男性也要多加小心。絕不可譏笑他性教師的舉動或予以輕視，相反地要徹底地隱藏妳豐富的知識和經驗，而以處女的姿態和他接觸。

可是，若難以裝扮為處女時，要儘量減少性交次數。

另外，最近的女性，與其年齡比起來都很成熟，故男方也要多加小心而不要得意洋洋，以免上當吃虧。

巨蟹座男性，喜歡以指導員自居有其原因。內向的男性，往往不便直接把自己的希望說出，而經由教科書讓女性去實行。他以混雜慾望和自尊迫近女性，乍看之下雖冷靜，但卻容易破壞性交的步調，故不能不注意。

有時也許有機會和性遊戲較你高一級的身經百戰女性交手。你會覺得竟有這種女人而感到很驚奇，並且想和她交戰一番，這時需要有一種魄力，即是若妳使出妙技，我也要露一手高超的性技術以迎擊。

若被淫亂的女性所玩弄，以致無法發揮基本技術時，有時需要請朋友幫忙。由二人從前面和後面實施波狀攻擊，這樣不管如何淫亂型的女性，在三小時之內就會招架不住而舉白旗。

可是，如果不得已非以一人頑抗不可時，前戲要在床上以外的地方做。

巨蟹座男性的優點是，雖然依照教科書上所說的，但又加上一些自己的創意。在桌上或長椅上，讓女性脫光衣服後，以手指刺激，也是他最拿手的技術。在桌上由後面抱住女性，使她略彎縮身體，然後緩慢地以手指刺激。

這樣也可以觀察女性的反應是否如預先所想像的，勉強地說來，這也可算是老師的實驗方式了。在恰好的時機將如意棒插入對方，一方面移位至床上。在這第一回合，不管是多老練的女性也會覺得很滿足。

另外，巨蟹座男性的優點，為對於陰核的刺激很高妙。以微妙的接觸和如羽

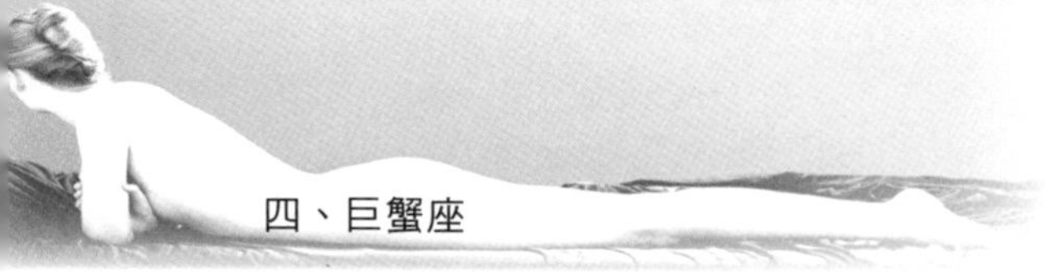

毛在空中飛舞般地，給對方美好且刺激的性技術，巨蟹座男性可算是第一能手。

要使巨蟹座男性興奮達最高的前戲為，把陰莖夾在乳房中間磨擦。即讓女性抓住乳房使其間距離縮短，在其間一邊磨擦陰莖，並將陰莖的尖端靠近女方的口部。這種方法也可使女性興奮起來。

懷有一石二鳥效果的性技術的巨蟹座男性，單以內向為理由而無法發揮出來，實在是有一點不自然了。

●巨蟹座男性VS牡羊座女性

你使她感到強烈的性共鳴，雙方互相魅惑於對方的肉體，性生活自然會調和，她也許在等待你引導上床呢。

可是有一點小小的問題就是，她的性生活非常積極、大膽率直，慎重派的你會有一種被壓迫的感覺。對於她戲弄的態度，你千萬不要發脾氣。最初你要靜靜地忍耐並見機出擊。

●巨蟹座男性VS金牛座女性

你豐富的感情和多彩多姿的性生活形象，可把她包圍在優美的氣氛下，而在

夢般性生活的期待中，她會自然而然地興奮起來。因雙方對於性生活的情緒熱如火燃燒般，故不需多餘的花招。

有時你雖使她焦急，但她很瞭解你寬大和悠閒的個性而會繼續信任你。這是幸福的一對伴侶。

●巨蟹座男性VS雙子座女性

對於她開放的性觀念，由於你的溫雅，很少前戲而感到棘手。雙子座女性很激烈地誘惑男性，並使他興奮，然後馬上又翻身閃躲他，這樣以千變萬化的性技術逼近男性。

因她在床間任意玩弄男性，看起來真像「性魔鬼」。如果勉強壓住她會引起反效果。在性遊戲方面，儘量使她自由，而你只要引導重要的部份即可，這就是維持共同生活的要訣。

●巨蟹座男性VS巨蟹座女性

星座相同的一對有好的一面，也有反而滯礙難行的困難一面。因為二人同是神經兮兮的巨蟹座，所以容易因一點芝麻小事而傷感情。

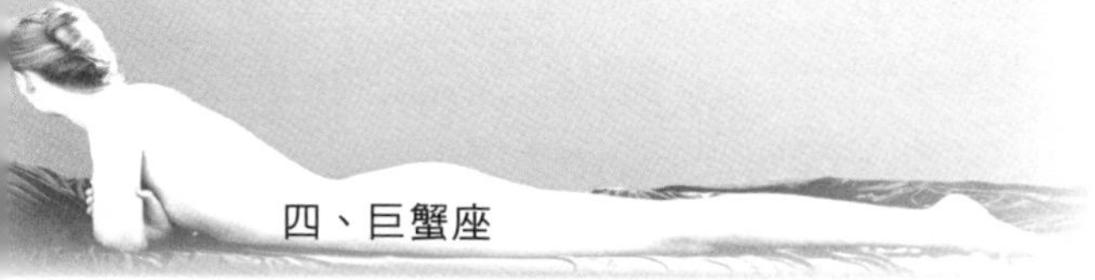

夜生活可說是白天平淡生活的延長，都是以生殖行為來處理「性」的問題。氾濫的性愛雜誌對兩人也不會激起漣漪。但由於肉體接觸的滿足感是沒話說的。為維持美滿的生活，應該要互相忍耐，互相讓步。

●巨蟹座男性VS獅子座女性

她的個性和你有很大的差異，男性的性生活較平淡，而熱情的女性認為性行為應是男性的奉獻。故和這種人交往要多下一點工夫。她在女性當中比較大膽，而且性生活也很大方，也許會要求對方強烈的性服務。若在性生活當中你有疏忽遺漏的情形，她會很不高興。

採用正攻法最適宜，其要點是讓她讚賞氣氛好，有時性誘導的任務可由她負責。這是具有可共同過情熱的夜生活魅力的一對。

●巨蟹座男性VS處女座女性

兩者的關係很好。她的判斷比你更明快，她能提出現實的構想，所以無論什麼困難都能很圓滿地解決。

在性生活也是一樣，她有把慎重派的你，改變為積極派的天生才能。但是遇

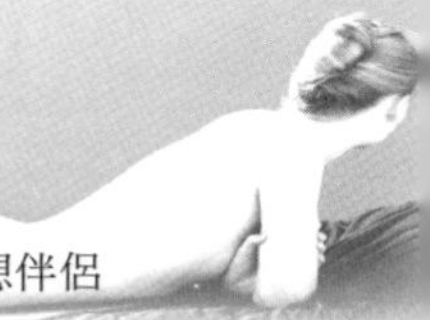

到正經事時，她是屬於標準的慎重派。這種微妙的性格著實令人羨慕。婚後雖有幸福，但性生活有可能陷入單調的境界。

●巨蟹座男性VS天秤座女性

在性生活中，你也許會覺得她比較冷淡，但其實她並非具有冷淡的性格。你的個性較獨裁，易陷入憂鬱症，她不過是察看你的感情，儘量努力使自己不陷入憂鬱而已。

你不喜愛技巧，也缺乏精力，對平凡的性行為即能滿足，而講求官能慾求的她，對單純的性生活有些不滿，但她很有本事避開困惑之事，這點是令人欽佩的。如果誤解這一點而以為她毫無感情時，她反而會很困惑。因此兩人關係的複雜是無法否定的。

●巨蟹座男性VS天蠍座女性

這一對男女所組成的家庭，不管對方的條件如何，都會互相吸引的「宿命」配合。難免是女權至上，但這也是幸福的人生。她的性能力很旺盛，面對這種好色的女人，你雖會消耗很多精力，但這也並非令人討厭的經驗。

你的優點是當被女人逼迫時，仍保持男性的自尊。你會很乾脆地答應她的要求，她自然會很滿足。

在性遊戲方面，經過不斷的磨練後，她會進而向你挑戰。性生活的磁力越強，越可建立美滿的家庭。

●巨蟹座男性VS射手座女性

老實說，你對她似乎難以管束。對於她來說執著某事是很棘手的，男性閱歷很豐富，若要管束這種女性實在很辛苦。

你很重視家庭生活而很想建立一個安全舒適的家。但是她卻比較外向而不重視家庭的發展。這樣一來，性行為的次數自然會減少，也是沒有辦法的事。為了家庭生活的和諧，只有靠你的忍耐了。

●巨蟹座男性VS魔羯座女性

你一定會覺得她非常有魅力，夜生活是完全駕馭型的，很有控制力。感度、反應熱情、溫柔……等在性行為上都很重要。魔羯座女性在這些方面都不成問題。

想娶這種女性為妻而組織家庭雖然不錯，可是熱情洋溢的她對你的魅力究竟

能維持多久呢？你的性格比較保守，對於性技術的變化比不上她。你要有被批評為「這個男性也只不過如此」的心理準備，這樣屆時才不會難過。

●巨蟹座男性VS水瓶座女性

要使她成為你永久的愛人並非易事。你雖然想早日建立安定的家庭，但她卻不像你那麼熱衷。對於懷有「也許會有更理想的男性出現」的女性，若強行說服，以後反而會後悔。

不如瞭解她喜歡「一隻狼的生活法」，而多少要忍耐一點，等待她「正經」時機的來臨。雖然開始體驗時也許會順利，但不能保證會一直順利下去。

性生活方面很協調，這可能是星座不可思議的力量。

●巨蟹座男性VS雙魚座女性

兩人都屬於水性星座，是很好的性相。你的纖弱情緒和她的溫柔，雖然相對無言，卻很有默契。

就性生活面而言，這是很理想的一對。在富有愛情的性生活裡，互相能表露溫和的喜悅，這樣更能提高興奮的程度。

因此二人在性技術方面步調很能一致。有時亦可由她擔任誘導的角色，這樣她可顯露令人難以想像的優異技術。小小的爭論於二人進入床第後，即可簡單地解決，就是這一對男女的長處。

♋ 有「永遠的處女」香氣的巨蟹座女性

巨蟹座的守護星為月。感受性強，是感情起伏激烈的人，也是充滿情緒的感情者，注重個人的私生活。

要理解巨蟹座女性實在很費力。能了解她性情的男性極少，如果和你無關時，最好不要和她打交道。若你能很敏銳地察覺她細緻的感情，無妨採取積極的攻勢。

巨蟹座女性使男人傷腦筋之處為依賴心太重，她動輒要仰賴她附近的人。另外她具有不把自己感情率直表現出來的倔強性格。既如此她又怕別人的批評，尤其擔心受別人的愚弄。若受男人不當的對待，或受戲弄時，就是只有一次，她也絕對不會忘記。

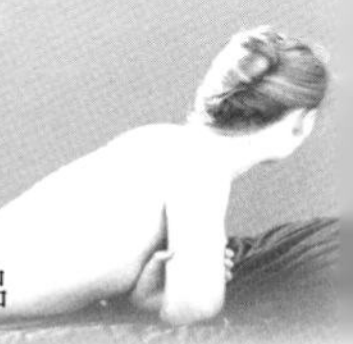

此外，她的記憶力很強，和男性的談話可一一牢記。

「啊對了！《性與占星術》書中說，妳的性感帶是在腳底。要不要試試看？」當有一晚伴有巨蟹座女性的男人上床後，那樣小聲說的瞬間，她覺得很驚奇。

「你上一次不是說在膝部內側嗎？也許有些女人的性感帶在腳底吧。」因她能正確地記住談話的內容，所以和他講話不能不小心。和巨蟹座女性講話，雖不一定是男人不對，但卻容易鬧彆扭。

巨蟹座女性對於把家裡整理得乾乾淨淨是最拿手的。特別是有古典的愛好，雖然保守是其缺點，但佈置古典情調的房間有超強的才能。

烹飪技術很高明，冰箱裏常放有足夠的食品材料，不管喜歡那一種飲食的客人來訪時，均可馬上招待。

她雖不吝嗇，但存私房錢是高手。她的人生哲學為「有晴天也有陰天」而蓄私房錢的理論為「為備颱風侵襲，有必要偷偷攢錢」。

處事謹慎內向的她，很難和男性談戀愛。和藹謹慎而且富有同情心的她，很

得男性的好感。可是天生內向，又有寧為「永遠處女」的想法，有不少男性覺得做為性生活的對象，並不過癮。

當她脫光衣服時，不要忘記誇獎幾句。最初性生活時，她很怯場，不知什麼時候會輕聲地說「停止好不好」。對於粗野只能做鹵莽性行為的男性而言，巨蟹座女性不是理想的對手。

在這時候，對女性褒獎的話其效果是在男性的預料之外，無論何種前戲均比不上男性的言語技術，更能引導她進入情況。進入情況後她會不由自主地伸出手愛撫男性，然後隨著熱吻。

引誘至歡喜的「花園」是否成功，全決定於她對男性大腿內側的接吻。如果是燃燒般情熱的女性，必定會在你的腿部留有齒型痕跡。

她在性技術中，最拿手的是使用手指的技術。她在男性性器周圍塗以蜂蜜或酒類，然後像羽毛般柔軟地刺激它，這是她得意的一招。如塗油般感覺的柔軟接觸磨擦，很容易使男性興奮。但並不會無條件地一直做下去。

當男性直立不動的姿勢時，她把手停下，出神地注視男性脫光的身體。她停

手的用意為要男性做「自瀆」的意思。她看到男性雄壯的身體時，慢慢地會興奮而身體就熱起來。

當她的手再度伸到男性身體時，即為準備完成。你照原來的仰臥姿態，而她就慢慢地橫跨在你上面。

在發射前若還有時間，她就使用拿手的口技。蜂蜜或酒的味道和性交時的香味混雜起來，作為刺激劑是很有效的。

巨蟹座女性散發者「永恆的處女芬芳」，她使用口技時，常喜歡用香氣的藥品或果汁等實在令人費解。尤其是最近把自己喜愛的香水噴在男人身上的女性越來越多，也有男人到香水店，請教使用何種香水為宜，這已是很平常的事。

對於有些不好意思到香水店買香水的男性而言，以檸檬代用，可說是比較方便。檸檬較易買到，而且香味也不錯。可是有些女人不喜歡酸味，這時要使用草莓果漿，它的香味也很有效果，雖然香味不重，但其甜味卻不錯。

●巨蟹座女性VS牡羊座男性

他對性的要求會率直地說出，溫順的妳，被積極派的人追求時，終會抵抗。

毫無感覺魅力的對手姑且不論，對他而言卻有強烈的性幻想。

妳對他的胡言亂語會覺得束手無策。由於妳多愁善感，容易嫉妒而傷感情。結婚問題有一些困難存在。

妳有很深的感情和慾求，要求熱烈的愛撫，但他的慾望是單調的、突發的，認為前戲和後戲浪費時間，這是根本上的感性差異。

●巨蟹座女性VS金牛座男性

性生活非常平凡，男性雖有持久力，但不喜歡特別的體位和愛撫，女性也不喜歡強烈的刺激，她喜歡情調，可在床上講些耳語，添加一些柔情蜜意。

當妳無法下決心的時候，他也會溫和地等待，而不會嘮叨或使妳難堪或恐嚇後不告而別。當妳對於性慾望有敏感的反應時，他會以相當刺激的性遊戲使妳滿足。只要妳熱情地勇往直前，並沒有什麼好顧慮的。這一對男女可過著美滿調和的性生活。

●巨蟹座女性VS雙子座男性

對於精力旺盛又講究性行為派頭的雙子座男性，妳可能難以對付。突然「今

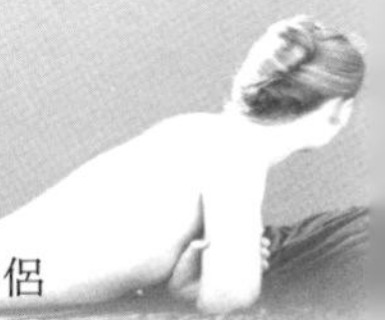

日怎樣？」地誘惑，或者「妳若像○○該多好」的戲弄，在這種情況下，妳也許會覺得囉嗦討厭，但千萬不要生氣。

他並不是故意戲弄妳，只不過是想傳達自己小小的希望。要瞭解二人性格的差異，而互相體諒以邁進結婚之途。

●巨蟹座女性VS巨蟹座男性

和他的初次體驗是極好的。因屬同星座，性生活的步調當然沒有差別。他對妳的性感帶有透徹的瞭解。雙方對於性共鳴也很強烈，故可以過著理想的性生活。

只是感情發生糾紛時比較麻煩，因互相對於芝麻小事都很計較，若一旦感情破裂時很難回復。

在上床前要特別注意，不要破壞重要的氣氛。

●巨蟹座女性VS獅子座男性

妳的伴侶是「男人中的男人」。他有寬宏的性格，會溫順地保護妳。當然他的性能力也很強，他卓越的性遊戲會使妳很滿足。

要注意的是妳動物性不強，而他的行為有似野獸般的粗野，這樣反而使妳失去興趣。但妳須尊敬他具有男性氣概的表現。也許他會有較激烈的性衝動，但妳要儘量配合使他滿足。妳的溫順可維持長久的愛情。

●巨蟹座女性VS處女座男性

處女座男性不輕易把內心的感情表露出來。對於冷靜的男性魅力，妳容易被迷住。可是在性生活時情況卻相反，由於他冷靜的性格，無法採取積極的行動。在性生活方面會輪到他對妳的魅力低頭。妳要和氣地誘導他，使他能提高信心進入情況。

因此，在性生活方面很平淡，妳無法避免負擔加重。結婚生活的要訣，在如何維持新鮮的性生活。

●巨蟹座女性VS天秤座男性

性生活沒有太大的波動，兩者都缺乏精力。他很瞭解你情感的動向。妳屬於某種程度的氣氛派，情緒好的時候和壞的時候有極大的差別。

他雖然很想瞭解妳的性情，但在床上妳不能期待他會一一順從妳。當他看到

妳情緒不好時，立刻會說「今天取消吧」。如果妳認為他的態度欠佳時，最好避免結婚。

●巨蟹座女性VS天蠍座男性

這是很好的性相，兩人之間即使沉默也能契合相通。雙方都是情感豐富的星座，因此，性生活充滿濃厚的氣氛。

妳的個性在性生活中比較神經質，妳常為是否時常被愛而擔心。天蠍座男性，性生活的熱情不落人後，所以絕不會令妳失望。

他常以激烈富有愛情的性行為使妳滿足。他很喜歡妳率直溫順的個性。在被愛的女性中，妳是最被寵愛的了。妳要好好把握幸福的生活。

●巨蟹座女性VS射手座男性

你們二人沒有緣份。妳本來很想和他建立和平安定的家庭，但他卻是從結婚翌日起，就夜宿他處的社交家。遲早妳的眼前很可能會出現「他的女朋友」。

常做白日夢的他，和重視現實的妳，二人的人生觀完全不同。結婚以後要如何度過此一低潮，是神明賜給妳的課題。

妳的性行為慾望淡泊，對於每晚求歡的男性會感到厭煩。

●巨蟹座女性VS魔羯座男性

和魔羯座男性共同生活，對妳而言，也許是不幸福的。妳本來很想安靜地在家裡，但他卻很喜歡戶外活動。不管最初的性生活多麼甜蜜，他會漸漸地對性生活厭煩，妳可能會認為他沒有情調。

為使性生活能更充實，妳要更加努力才行。當妳可以肯定地說「我絕對不會輸給任何女人」時，他的心再也不會離開妳了。

●巨蟹座女性VS水瓶座男性

因水瓶座男性喜歡孤獨，故和妳的距離時遠時近。妳很想早一點和他共享性生活，但他個性比較多變，其對象很難限定妳一個人。

若想得到水瓶座男人，妳要有相當的心理準備。如果妳怕傷害他，他就無法永遠屬於妳。

重視情緒氣氛的妳，會受到他甜言蜜語的鼓動而燃起熱情，雙方都是製造氣氛的高手，雖然平日感情平淡，夜晚的生活卻是非常充滿感情。

●巨蟹座女性VS雙魚座男性

他對妳的「女人氣質」非常著迷，對性生活有不尋常的敏感。稍加一點刺激便急速地興奮，但在激烈的性行為後，還說「很想再繼續玩」或覺得以變態技術才能滿足，其原因是性過敏所致。

大致看來，性生活關係是良好的。富有愛情的床上體操，在新婚之初雖會日夜大熱演，但一點也不用客氣，雙方總是保持新婚的情調。包括糾紛、爭論在內的所有問題，均可在床上解決。

五、獅子座
leo

7月23日——8月23日生

♌ 獅子座男性以實力壓倒女性

獅子座男性個性開朗、寬大，具獨立心和強烈的向上心，非常熱情，喜歡引人注目。所幸他具備吸引人的魅力，而容易引起女性的開心。富領導才能，有吸引周圍人群的力量，是團體的中心人物。

他對周圍的事都很關心，有發展性而度量大的優點，係受星座的影響。他雖會像國王般以勇猛無比的個體去壓倒對方，但這卻沒有惡意。

但如果越積極，對方會越退縮，結果有些女性會逃避他，可是這也是男性最大的魅力。

相信人生是個很大賭注的獅子座男性，應該要積極勇敢地向危險挑戰。戀愛也像賭博一樣，有「不實行的話怎麼知道結果？」等相當粗野的膽量。也具有很會賺錢的才能。

性能力也有王者的風格，來者不拒，有求必應。他主張「性的發洩像食慾和排泄一樣，是一種生理現象」。結果愛人由二人、三人……逐次增多，終至發生

問題不可收拾。

獅子座男性的缺點為嫉妒心較重。他有王者的資格，本來可悠然自居，但卻時常懷疑自己的愛人是否會移情別戀。

到「小三」住的公寓時，會先行檢查她的局部。這樣，她會覺得無聊而失去自尊心，結果提不起遊戲的興趣了。

有獅子般性慾的他，對於女性是很有魅力的。很多女性都有「很想被他吃一吃」的念頭，女性對於獅子座男性的行動是很自由的。喜歡接近他的女性遠較敬而遠之的女性為多。

個性的強硬亦可在性生活上表露出來。他有一種女人應絕對服從其命令的個人主義觀念。他對於女朋友很感興趣而有一套。

表面上悠然自在，但事實上卻戒衛森嚴的獅子座男性，對於女性的一點芝麻小事也不會看漏。因在他的體內充滿著性精力，故由於強暴事件被控訴的男性也不少。

因此，獅子座男性可說是性的火藥庫。稍一疏忽，他便會很快地侵犯到女

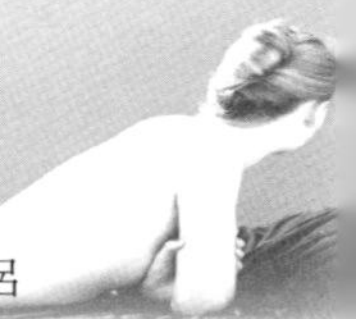

性。女人有女人難言之處，當和獅子座的男人接觸時，就是女人把困難問題提出時，他並不是馬上可聽得進去的對象。女人如果有所不便時，要不客氣地說「今晚絕對不行」，然後要看電視或上網。要儘量停止足以刺激男性的舉動，上床時也要穿不鮮艷的棉製內衣。

相反地，他常以為女人喜歡性行為而追求男人，故易成為淫亂女人的俘虜。他有了男女交往應由女人主動接近男人的錯誤觀念，也是容易交上怪女人的原因。

如果和以性為武器的女性接觸時，就比較麻煩了。多淫的女人絕不會放過性能力超強的獅子座男人。遇到這種淫亂的女人，就是性能力強的獅子座男人也啞口無言，而感覺吃不消了。

因為要依自己喜歡的方式進行性行為以求性的滿足，故在進行性遊戲時，他絕不談女人在上位，而最喜愛標準型式的男上位。就是不使用變化技術或插入女人肛門等特種方法，僅靠堂堂的獅子座男性的性能力，也可使女性得到十分的滿足。最好是不使用下策的小動作比較有威嚴。

獅子座男性會進入興奮的狀態是，女性任由男性玩而毫無抵抗的情形。能夠充分地滿足慾望，又能使女性絕對服從的情況，對他而言是最夠刺激的刺激劑了。

他最喜歡的姿勢為讓女人脫光衣服，上半身在床上，下半身在床下的性遊戲。女性俯臥在床上並將下半身向男人的方向伸出，男性從後面插入而慢慢地抬起女性的下半身。

這時，亦可使女性的半身左右上下適當地運動，一方面注意使接合不要脫開，一方面看女性身體的反應而可達到相當快感，這種性技術若男性無相當的實力不易做到。

口技方面，若男性在最後仍可體會到絕頂感時，可進一步去做，但若知道僅僅可使女性高興時，他就不想做，這就是獅子座男性的個性。例如，撫吻女性性器和愛撫男性性器交互進行時，他沒有意見，但若只是撫吻女性性器，他就不感興趣了。

時常在女性前面顯露堂堂的男性性格，以兩股之間的壯大氣勢威壓女性，加

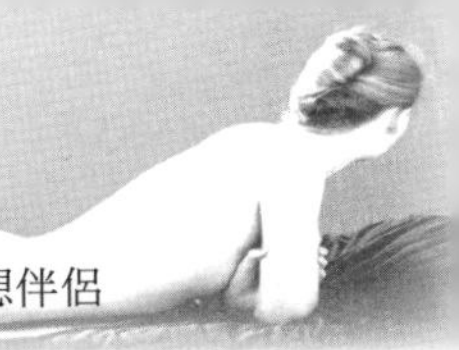

上女性依從他的命令做性的奴隸，這些事情對於獅子座男性而言，是最高的性階段。

●獅子座男性VS牡羊座女性

你的女朋友很喜愛性生活，為滿足她的慾望，她可任由你玩弄。你若由於她突然的性攻勢而有受驚的經驗，那是因果報應了。

像這種女朋友實在太可愛了，你應該要緊緊地擁抱，並好好誘導她。你對於她的積極攻勢，只要不重重地從頭壓住，你們的生活一定會很美滿。

這一組合性生活非常調和，熱情與勢情的結合，是難分難捨的「打鬥」，男性有短暫燃燒淨盡的缺點，儘量注意延長時間，鍛鍊持久力。

●獅子座男性VS金牛座女性

在性生活方面是很順利的。因氣氛好且雙方對性遊戲都很熱心，故絕不會覺得夜長難熬。

不過雙方由於個性強，在性生活方面難免發生衝突。趁著情緒好的時候說些誇張阿諛的話，甚至伸開腿向後仰，讓她看好看之處時，她會假裝不知道，其實她最喜歡觀察你的私秘處。

若被認為「不好玩」時，應選擇其他星座的女性，做為共同生活的伴侶。

●獅子座男性VS雙子座女性

二人能互相補足缺點，這是好的性相。

變幻自在的她，有時雖會讓你焦急，但大致可使你興奮而認真於性生活。這是很適合性遊戲的一對。

夜生活男性似獅子般的奮勇，女性能感到被虐的快感，但男性有時粗暴的行為反而使得女性退縮。

●獅子座男性VS巨蟹座女性

她所盼望的最高性生活，就是你的持久力。她具有相當的性能力，只有全身洋溢著持久力的男性對她有魅力。

你是有一點容易移情別戀傾向的人，但當她要把全身純潔的愛獻給你時，你要好好地接受，這才是男性的責任。若她不喜歡你的態度時，反應也不如意，這時最好不要再交往下去了。

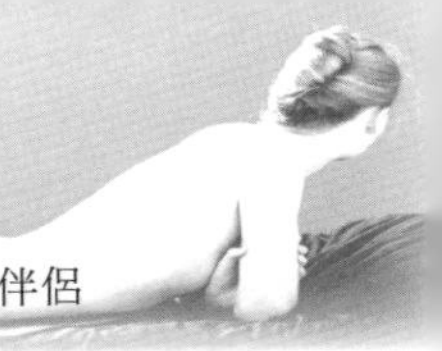

●獅子座男性VS獅子座女性

因雙方的性能力都屬第一位，別人看起來好像是危險的一對，但其實恰恰相反。因你理解她的個性，並有寬以待人的同情心。她對你的為人亦會很感激，為報答你，她也會對你殷勤服務。

雖不一定能常常保持良好的感情，但你們可將糾紛防止於未然的優秀組合。性生活方面很調和，兩人都是獅子型的熱情，在高潮時是獅子吼的大合唱，切記不要吵到別人了。

●獅子座男性VS處女座女性

你有時可能會對她的性生活態度不滿。性能力強的你，一定很想徹底地支配她。可是她是處事很謹慎的慎重派，過去一定很少在你面前把她的性器完全顯露出來。這是不願意你支配到那局部的抵抗姿勢。

神經質的處女座，對開放的獅子座來說也是非常困擾，「無用的事，請不要做」若她這樣講時，你就不要強人所難了。

●獅子座男性VS天秤座女性

當你率直地向她要求性行為時，她雖不逃避，但卻有一點缺乏積極性。她把這時間當做前戲以自娛，你很巧妙地誘導她上床的努力，她觀察後會變成對她的刺激。

她絕對不會忽視男性而僅求她一人的興奮。她是很守節制的女性，你如果不好好愛惜她一定會受懲罰。

●獅子座男性VS天蠍座女性

和熱情又喜愛性生活的天蠍座女性交戰一番，這種體驗你一生不會忘記。你如果要期待臥室華麗的性遊戲，天蠍座女性是最好的對象。

可是一到結婚情況就不一樣了。她有忽視你而僅顧自己享樂的趨向，在性生活時她有先自行滿足慾望的毛病。當支配慾望最強的你知道這個事情後，一定會感到沒興趣。若有「隨它去吧」的觀念，是無法繼續共同生活的。然而做為情人是很理想……。

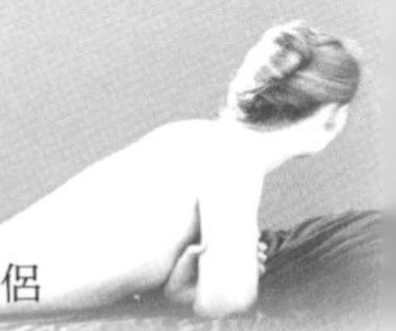

●獅子座男性VS射手座女性

兩人都是火性星座，因為一些芝麻小事而認識，即能迅速的相互吸引。

不管是怎樣冒險的性遊戲，她都很想嘗試，正巧遇到你。在性生活上不管使用什麼變態技術，她都不後悔。這一對的性相很好，性交次數既頻繁，氣氛又高，他當然不會離開她。

●獅子座男性VS魔羯座女性

因魔羯座女性的性行為型式幾乎固定，所以常反覆使用同一型式。雖不討厭性生活，但因使用型式呆板不夠刺激，你也許會覺得不過癮。

不管你如何努力要給她性滿足，由於她沒有應付的才能，結果你的努力還是徒然。相反地她會因害怕而失去性生活的興趣。雙方相處的時間越久，所發生的問題越多。

●獅子座男性VS水瓶座女性

一體驗便知道她對於性方面的個性很強。起動緩慢的她，最初會使你很焦急。不容易達到高潮，更不會給你歡喜的叫聲。另外，有時也許會以認為是變態

的大膽姿勢，向你強求奇怪的事情。

兩人之間做枕邊細語亦能得到滿足，如果能互相享樂當然很好，但有時候會叫你提不起興趣。這一對男女的婚姻並不樂觀。

●獅子座男性VS雙魚座女性

雙魚座女性有與眾不同的情緒，不適合像你這樣率直的性格。她是否有性遊戲的意向不容易看出。

你若想引誘她向你看錯的方向前進，性的電壓會馬上降低。你本來期待她做性方面的服務，若電壓低下時，所受的影響是很大的。

不感興趣的性行為，不管怎樣重複，婚姻生活仍是不幸的。若一旦到了她不聽你引誘的地步時，你要做最壞的打算。

♌為自豪而做性行為的獅子座女性

獅子座的守護星是產生出生命力的太陽，個性開朗，喜歡照顧別人。

獅子座女性，天生有明星的資質，男性有必要瞭解獅子座女性的天性。換一句話說，明星有明星對付的方法，像服侍女王陛下的武士，常稱讚女王的聰明，以期賜與共眠一夜的機會一樣，要很巧妙地說話。

獅子座女性，不把愛和性分開考慮。她對誇讚之詞很脆弱，常在他肯定她的價值回敬禮物上，以性服務回報。對於男性而言，有誰不想試一試呢？

相反地，有一點不適合的是，獅子座女性要向男性要求徹底的忠誠心。在戀愛中常會要求「不要和我以外的女人交往，也不可以看其他女人」。結婚後更會嚴格要求他絕不能移情別戀。在嚴格限制男性之餘，對於自己風流卻毫不在乎，你要有她在身邊物色男性的心理準備。

獅子座女性理想高的很少，但是，理想的伴侶和性生活的對象完全不同，你雖有和她上床的經驗，但並不能保證你會被選為她的伴侶。

她為了自己的自豪，常利用性行為表現。以性為武器而將男性吸引在身邊，也是她的計劃之一。

有些女性會從這些被吸引的男性中，挑選一個升格為永久的伴侶。故和這樣的女性往來，不要單以性的問題去和她交往，其他問題亦應注意。

她架子很大，常以為「運氣好的人，才有機會和我交往」，常會發散神秘性魅力的她，有時會以引誘男性般的眼光觀看，並以充滿色情的氣氛偎倚過去。她說這是一種訊號，但男人對於沉悶的氣氛也很脆弱。男性多被她性的魔法迷住，而聽她的擺佈、使喚。

她的性生活，和氣氛沒有多大關係。不會因缺乏照明或用具就不肯上床，故不必辛苦於舞台裝置。

最重要的是，男性要有隨時殷勤服務的態度。當她脫光衣服時，不要忘記向她讚美幾句：「妳的神秘之丘的曲線是多麼美麗，任何男人都會被迷住。在妳裸體的面前，就是有名的維納斯的光潤臉色，也會黯然失色。」「啊！多茂密、多美麗。愛之泉，極好的性女神。」

當讚辭開始發生效果時，她會開始反應起來。當她強烈的性遊戲開始後，不知有多少男性被制壓而投降的事例。

在前戲當中，由男性誘導較宜。尤其獅子座的女性喜歡的是臉、耳朵、頸部……及溫和柔軟的接吻。下半身不用說，因有好的性感帶，所以由小腿內側逐

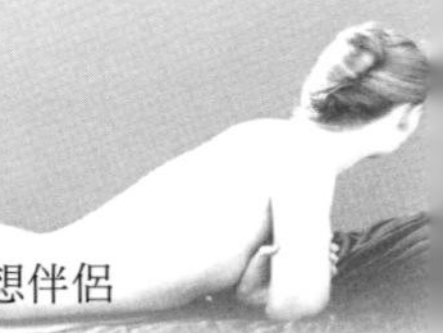

漸移向大腿內側等慢慢提高接吻的位置，也是性技術之一。

在前戲的反應中，若她激烈地扭動身體時，已接近插入時間。這時要見機在最適當的時間插入，並在一半的時候停止，而其餘則任由她腰部的動作去解決。她以誘導一半的氣勢把腰部提高，想將其餘一半包起來，這時你要依從她的動作了。

她對於如牡豹般激烈性行為最拿手，若照明暗淡時就無法發揮。她認為無法做激烈性行為的男人，不算是男人。把室內弄暗，而想以暗淡的照明效果壓倒她，是絕對辦不到。倒不如把她脫光衣服的身體，在明亮的光線中好好地觀賞，瘋狂般地擁抱，這樣的效果不知好多少倍。

她喜歡的體位是女性在上位。當男性從下面觀賞她的身體，及偉大的乳房時，無不自然而然地興奮起來。

她會慢慢地把身體前傾，使乳房能移至男性的口上，這時要以口含住乳房，經此刺激後，獅子座的女性會沉醉在歡樂的氣氛裏。

肉體顯示慾極強的獅子座女性，對於內衣的穿著很講究。為了使對方看她的魅力，常穿著能露出乳首的胸罩或可看到陰部的內褲，身為男性者，若失去這機會，實在太可惜。

突出的小丘上的櫻桃，和神秘的森林之中深深的洞穴一樣，若不去撫摸或探險，她一定會覺得很意外而怒髮衝冠。

●獅子座女性VS牡羊座男性

性行為有磁性般的作用。有覺得好奇怪而被吸引的，也有因性共鳴而參與的，程度各有不同。

妳會對他關心，是受他「男性的魅力放射線」影響的結果。對方也一定和妳一樣關心著妳，所以妳要大膽積極地採取攻勢。

熱情的二個人，能在多彩多姿的生活中抓住最高的幸福。

●獅子座女性VS金牛座男性

妳的個性強，但他的個性也很頑固。可是，只要互相消除自負心，也可享受很好的性生活。

因為二人對於性生活都很關心，故遊戲不可能太單調。可是，以後的日子

裡，若「自我」衝突時，舌戰就會開始。因兩方都屬強硬派，對於夜生活會有所影響，這兩種星座的男女，性行為雖合得來，但婚姻卻會起風波。

●獅子座女性VS雙子座男性

忙碌的雙子座男性，想儘量努力使妳高興。看到這種情形，妳當然會渾身覺得發熱，在這個瞬間，仍會很仔細觀察他的舉動是妳的長處。

現在雖被男性誘導，但妳的內心對於性行為卻很想主導，這是妳的天性。如果對方能了解這一點，和他結婚是不會有問題的。

兩人都是製造氣氛的高手，能享受深度的官能歡娛。

●獅子座女性VS巨蟹座男性

對性生活較平淡，持有執拗態度的巨蟹座男性，若在性遊戲當中突然停止，實在是很傷感情。

如果使原想大膽地玩，以期長時間享樂的對手失望，結果總是不好。因他對於這方面很認真賣力，所以妳不奮發是不行了。

●獅子座女性VS獅子座男性

對於妳是很相稱的男性。雖然雙方均具有豪爽的性格，但卻具有明察秋毫理想的要素。惟因個性強容易起衝突，若在導火線以前能理智地互相讓步，不會至破裂的局面。

這一對男女若能改善或壓抑缺點，可享樂萬分的性生活。雙方雖都想擔任誘導的角色，但最好選擇由他擔任為宜。

●獅子座女性VS處女座男性

對於性電壓高的妳而言，他也許稍嫌魄力不足。他並非是性精力不足，而是不直接率直地把慾望表現出來。

在性生活中，他不喜歡完全被妳控制，故需要理解他的心理，多利用一些技巧，而不要以為魄力不足斷絕關係。乍看起來好像很難相處，但若妳能理解他，結果還是會順利美滿的。

●獅子座女性VS天秤座男性

兩人都是屬於風性星座，是很對勁的組合。

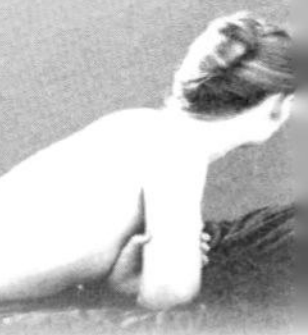

精力旺盛的妳，雖想馬上要求強烈的性行為，但他卻無法立刻進入備戰狀態。妳只有先使自己渾身發熱，以延遲開始作戰的時間。妳雖迫不及待地等著他給妳滿足，但他的態度卻很冷靜。

觀賞妳迫不及待的性行為欲求升高的表情，會成為他的興奮劑。妳不會被他冷酷地甩掉，對他而言，妳是值得他尊敬的女性。

●獅子座女性VS天蠍座男性

妳可體驗到眼花繚亂般的性生活。他無論性能力、技術、興趣及持久力……等性行為的必要條件都很齊全。妳和他上床後，因可得到期待以上的快感，而不想離床。

性生活可解決你們之間所有的糾紛。不過時間一久，情況會有變化。他可能會露出自私的面目，而使妳不高興。不管性行為的滋味多麼甜蜜，但是結婚的滋味卻不相同。勿把兩者混為一談。

●獅子座女性VS射手座男性

兩人的性生活是熱情的結合，非常調和，雙方都是瞬間燃燒的。

六、處女座

virgo

8月23日——9月22日生

♍ 處女座男性以理論追究女性

水星的守護神麥丘里是雄辯和技能之神，處女座男性受水星守護神的保護。處女座男性天生聰明伶俐，感覺敏銳，處事有條不紊。

因頭腦聰穎，無論對什麼事都很感興趣。衡量別人成功的標準，常以其人賺錢之多少而定。他很重視金錢，又不會亂花，故用錢比較浪費型的女性和他的個性一定不合。處女座男性有先見之明，別人看不出的危險，他都能避開無事。因他的知識水準高，看人的眼光銳利，常給人以挖苦的批評，只有他的朋友或愛人才能忍耐他的攻擊。

在實業的世界裡，處女座男性是位居第二的。他們多為講理論又責任感重的能幹者，雖能嶄露頭角，但因魄力稍差，多不能做主管而僅能做到副主管，處女座男性獨身者較多的原因是，大多屬於工作至上的人。

處女座男性，對於引誘女性的事不感興趣。與其追求女性，他寧願看書自娛。因此和女性親近的機會有限，頂多是經朋友在聚會時介紹認識的女性，或同一工作單位的女性罷了。

從最初的約會開始，就對於時間很嚴格，若女性遲到時，意興馬上消沉，而說「以後不再和這種女人來往了」。

在吃飯時，對於禮節方面也很重視，對於張開大口吃飯的品行不佳女人印象很壞，根本不想和她上床。當然他也不會在餐桌下伸手撫摸女性的腿部。

吃完飯後，把女性送回住所時，會很乾脆地道別。絕不會在門口說「在妳房間我們喝一杯好不好？」這種使女性困擾的話。

其紳士作風被信任後，女性也許會把男性邀請至住處，當然她的目的並不僅是晚餐，其後還有……。

處女座男性常有獨異的表現。在稍大的皮箱裏裝滿了睡衣、牙膏、牙刷、電鬍刀、內衣及領帶等東西後出發，謹慎一點的還帶鬧鐘。以出差的裝束和女性共吃晚餐。

以這樣的情況完成性研究，在文獻和女性解剖學已有博士程度的學識。前戲是在爽快的氣氛下進行，他絕不會猛衝，或把「陰莖」亂行搖動等無聊的事。

總之，處女座男性技術有如性電腦，這個性電腦裡有所需時間，和女性反應情況的資料，如果不符合其公式時，就是高性能的電腦也無法作用。

理論上雖是完整的性遊戲，也有匱乏自由奔放技術的缺點。性生活上感情較理論更為重要，從委身於激情的情熱行態角度看，理論實在站不住腳，這和世界的權威大博士在社會上不能融會貫通的情形，是相同的道理。

本來頭腦聰明的處女座男性，很瞭解自己的缺點，為彌補這些缺點，他會把這一部分任由女性去誘導。所以若女性積極地提出「要不要試一試變化的性行為」時，他一定會大表歡迎。就是被要求以關節會脫落般的姿勢進行性行為，他也會答應，這和由男性主導的一般男人的性行為作風完全相反。

和如此服務周到的處女座男性進行性行為，若無法得到絕頂快感，那是女性自己的責任了。如果和處女座男性在一起還不感興趣，和這種女性交往也沒什麼意思了。

當然，大部份的女性都非常歡迎處女座男性，她們會很巧妙地調整腰的高度，以配合後結合起來。她們有引導男人達到高潮的性技術。

處女座男性，好像喜愛意想不到的性驚險刺激。

有一處女座男性，有一次在深夜的長途汽車旅行時，發現睡在鄰座的女性，僅穿迷你裙而沒有穿內褲，便一時衝動起來，經當場和她交涉後，她欣然同意，進而大功告成。

這種星座的男人，對於任何事都有研究心，有人把其曾經研究的「性行為時間、場所和方法」發表出來。

幾乎有「性百科大辭典」執筆者資格的處女座男性，對於性交的體位，很意外地多採用男上位的正常位方式。他們都在毛毯之下溫順地進行。

不過他們喜愛的變化術有一種，即女性不使用床鋪，俯臥在地板上，頭頂在地板，並把屁股翹高，然後以兩肘支撐身體的重心，以這種姿態引誘男性時，處女座男性會有極度的興奮。這時從背後侵入的男性，要把女性的下半身提高，並繼續進行工作。

●處女座男性VS牡羊座女性

對於性生活屬慎重派的人來說，要有被她玩弄的心理準備。

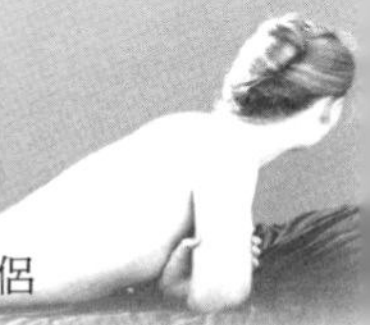

她的性作風為積極的攻勢，活潑又露骨，富有熱情又喜歡性冒險，握著主導權，所以對於正經又神經質，喜歡正規性生活的你，如果要使她能滿足，恐怕非你能力所及。

你的性興奮是從艷淫雜誌或性感的會話中升高，而她卻不借用他物便馬上會興奮起來。無論是婚姻生活或夜生活最多只能打五十分。

●處女座男性VS金牛座女性

要使她高興比較簡單。因她天生對於性方面有超人的活力，即使不使用多樣的性技術而施以一點引誘就馬上會接受。

這一種女性，對於不很重視技術而喜歡把性問題客觀地觀察並評論的你，比較適合。惟若過於觀察，她會覺得厭煩，這一點要多注意。

性生活男性比女性精力差一點，但技巧和體位能補償不足，但研究太過熱心，可能有使用補助器的傾向。

●處女座男性VS雙子座女性

以這樣的女性為對象時，你的缺點會暴露出來。對於因性衝動而被誘入歧途的她，你可能躊躇不前，而無法享受痛快的性行為。她是很想進行性慾望，但你卻裹足不前。她可能會對你說「要假裝評論家，不如一起來享樂吧」。

家庭生活也很不滿意。如果是逢場作戲也許還可享樂，但若共同生活，可能反而因性問題而不圓滿，最好是避免為宜。

兩人都是神經質的星座，假如雙方都太敏感，反而不會順利。因為緊張的神經互相衝突，得不到片刻的休息。

●處女座男性VS巨蟹座女性

做為內向女性的伴侶，你是很適當的人選。她的依賴心很重，而你也有依靠他人的強烈傾向，因互相都依靠他人的心理，故可產生良好的關係。

由於她天生多彩的性幻想，和旺盛的服務精神，你一定能擁有深深的愛情。因受和諧順利的性生活影響，結婚生活可持續長久。

●處女座男性VS獅子座女性

尺度大的獅子座女性，乍看之下是理想的伴侶，實際上卻相反。她是以性為第一主義，常要求大膽的遊戲，可是你卻希望她的照顧，並期望她能建立更好的

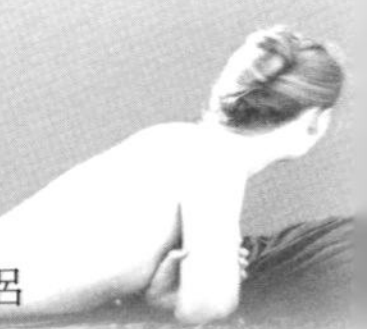

家庭環境。

但這是水和油的關係，喜歡過著平凡性生活的你，和追求奔放性生活的她，是不宜相配的。不過，你只要利用一些技巧就能得到調合。

●處女座男性VS處女座女性

由於處女座雙方保持著少年少女特有的清純，沒有濃豔的色彩，性知識不成熟，不知異性肉體的構造，可能重複一些乏味、錯誤的愛撫。

因為你們男女雙方對於露骨的性行為都比較棘手，故無法期待，在床上大顯身手。雙方均認為無愛情的性行為，沒有什麼意思，所以沒有執迷於性行為的危險。晚上可過著平靜溫雅的生活。

家庭生活的基礎，繫於人互愛的想法是正確的，並不是在床上的享樂才是唯一的幸福。這一對男女的倦怠期會提早來臨。

●處女座男性VS天秤座女性

她最具女性的氣質，既高尚又有豐富的愛情。性行為方面，她也有熱情的表現。只要你發揮好奇心和實驗癖，並溫和地擁抱她，兩人的愛情一定可升到最高

程度。

可是你的缺點在於時時保持客觀而冷靜的態度，這對她而言，總有自尊被傷害、被忽視的惡劣印象，二人最好不要考慮結婚。

●處女座男性VS天蠍座女性

你邂逅了一位很理想的女性。她具有能使任何男人都會感覺興奮的魅力。在有超越的性技術和有魄力的性天使面前，平常對性生活冷淡的你，也能體會到如升天般飄飄然的快樂。

你如果有這樣的想法，結婚生活可維持長久。這是一旦接觸後，就可體會到彼此優點的幸福伴侶。

●處女座男性VS射手座女性

也許你會覺得「這是多麼反覆無常的女性」，射手座女性是不斷追求幸福靈魂的放浪者。相反地，你是常常冷靜地認同現實的人。

對於性生活一點也不萌起冒險的念頭，當你被問到「你怎麼只會裝模作樣的性行為」時，你一定是啞口無言，難以回答。

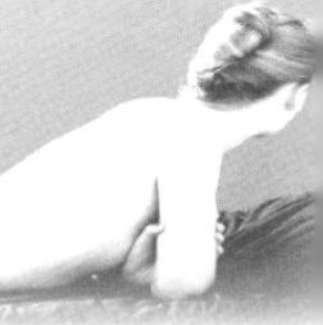

她固然永遠無法了解你，而你想要擁有她，也需要改變性格。雙方關係最好是僅限於週末見面做愛的程度就得了。

●處女座男性VS魔羯座女性

她的肉體魅力，會使不太關心性問題的你，成為她的俘虜。她的多彩多姿的性技巧，有足夠的能力使你興奮起來。

她不滿之處，正是雙方交往一段時間後，對於性行為你仍然無法被引導進入情況的態度。婚前的性行為雖有所不滿，但只要你誠心誠意，細心配合，必有美滿的婚姻生活。

●處女座男性VS水瓶座女性

這一對男女雙方對於性生活並不很關心。晚上，你們兩個人上床後可享受枕邊細語之樂，也許希望以更理智的事消磨時間。就這一點而言，雖是理想的一對，但在性生活的態度上卻有很大的差距。

性謹慎派的你，不想嚐試特別的體位，會認為她已忘了性行為的基本要素，而她卻以為你是感覺遲鈍的男性而大感失望。這樣隨著時間而逐漸加深裂痕，二

處女座女性的性人生觀為「兩個肉體的物理上接觸能滿足自然機能」。換一句話說，性行為不過是人的自然行為而已。亂搞性行為的男人會被輕視，難以相信會有暴風般的性興奮。

因此，和處女座女性交往，在性行為時絕對不能操之過急。「無法等到適當時機的男性是不行的」這是她的信條。和她交往的男性，對於性生活如果不知等待要領，往往會空焦急而自討沒趣。

和她發生性行為時常要從前奏開始，慢慢地多花一點時間，等到確認互相的情愛確實已升高之後，才慢慢地開始進入情況，並注意不要脫離同時達到最高潮的預定計劃。

她雖不討厭上床，但和她接觸時要避免「偷工減料」或暴力的性行為。男性要凝視她兩股之間，且是否能採取等待姿勢為勝敗的關鍵。

在製造房間裡的氣氛上，她周密的思考常能充分地發揮出來。使用很暗淡的燈光，有時全暗的反而有效果，床上鋪著清潔的白色墊被，音響放出和諧動聽的音樂，並使用微微花香的香水也是她的嗜好。但她卻不喜歡麝香般濃郁的香味。

上床用的裝飾也很簡便，除了項鍊外，儘量使用不刺激的服飾。

喜歡清潔的她，在上床前大概會要求淋浴或沐浴。當然是兩個人一起進去，進浴室後她有時會讓你看到其意外的真面目，即她把手伸到你私秘處，並要求你讓她梳一梳陰毛。

上床後，要認真做好前戲。偷工減料馬上會被對方識破，你所認真付出的服務多少，她一定讓你得到相等的滿足。

當她興奮後，你只要不進行異常的性交或動物般的性行為，她一定不會躊躇而樂意地接受。所以身為男性的你，進行性行為時要瞭解女性的意向，切不可越界，應有適可而止的風度。

她最得意的技巧，是使用嘴巴的全身服務。驅使微妙的舌頭運動，舐一舐胳肢，或是輕咬男性敏感處，在這種特殊技巧的服務下，男性很快就會興奮而進入忘我的境界。

另外有所謂六↕九的姿勢，這時她會讓你看到最高的技巧表演。對於在她口中做頻繁活塞運動的情景，真想以圖解說明讓你一目了然。

可是這是變化術一種，基本上以男性位於正常位為理想。她以這姿勢享樂後，就會順從你的任何引誘而任你擺佈了。

●處女座女性VS牡羊座男性

這是很彆扭不能相通的一對。妳大概不瞭解他為什麼那樣拘泥於性行為吧！妳對性行為比較冷淡，認為「女人順從男人就好」，只有對基本技術有興趣，但他卻會任意提出自己喜愛的性行為方式而使妳受不了。

他比較重視行動，和更注重感覺的妳為對象，其本身就是悲劇。家庭生活雖然和諧，但對於性生活卻不可抱很大的希望。

●處女座女性VS金牛座男性

妳有容易成為性評論家的個性，與其實際進行性行為，不如觀看來得更刺激得意。但是金牛座男性屬於猛烈的演技派，認為實際的性行為才是最高享受。

還好，他對性行為很快就會熱衷起來，和妳的觀念雖有一點差距，但兩者進行性行為堪稱順利，也可體會到相當的滿足感。妳要注意不使評論家的色彩太濃厚。家庭生活融洽和諧，才是至高無上的。

●**處女座女性VS雙子座男性**

妳難以應付他那過剩的性能力情形，會呈現在眼前。他的性行為很激烈，隨時有被慾望迷住的可能。面對這樣的對象，妳連準備的時間都沒有，而且和這種爆發型的男子進行性行為，根本談不上氣氛的問題。

妳的害羞和謹慎，令他感覺是拒絕要求，他不滿這一點，當他有強烈的「為什麼不滿足我的慾望呢？」疑問時，性生活就會開始破裂。

●**處女座女性VS巨蟹座男性**

這是妳夢寐以求的理想男性。他隨時對妳好像有什麼期待，而會溫和忠實地照顧妳。他的內心深處似乎有一點寂寞，所以會自然而然地對妳有這樣的舉動。妳受他的照顧，相對地也會給他最高的安心感，於是不知不覺之間結合深厚的愛情。妳們二人雖有一點自私的色彩，由於為愛情而結合，性方面都是一鼓作氣，所以對於日後幸福的生活應無問題。

●**處女座女性VS獅子座男性**

妳認為性生活應適可而止，儘量提高家事效率的女性，可是獅子座男性，卻精力過剩，步步逼人，會連續不斷地要求。這樣會使冷淡的妳招架不住，但如此將使他有「英雄氣概」煙消雲散的危險。

在這種情形之下，妳一定會想到學習男性管理術，但若過於批評或是管束，他會生氣而暴躁起來，其結果亦會招致家庭生活破裂。

●處女座女性VS處女座男性

這是同星座的一對且性生活會美滿例子。他對於性生活比較淡泊，所以對妳而言比較有利。

雙方保有少年少女的清純，因無被性炸彈轟炸之憂，故可享受適度的夜生活及得到家庭生活的安全感。

他也認為沒有愛情的性行為毫無價值，所以對於愛情比較專心。只是性行為次數過少，變化不多，對於這方面尚待改進。

●處女座女性VS天秤座男性

這是妳的想法會影響一切的一對。他喜歡溫和而富有愛情的性生活，像妳這樣對於性生活不很關心，而且常採取冷靜分析態度，是很難滿足他的願望。

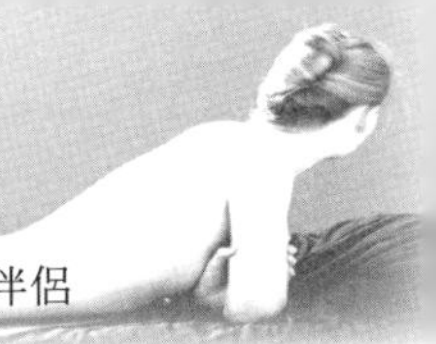

他會以為自尊心嚴重地被傷害而責備妳。冤枉的妳雖會辯解，但往往很難得到對方的諒解。妳要瞭解感情糾紛常會因妳的作風而惹起，應儘量避免結婚。

●處女座女性VS天蠍座男性

「為什麼那樣急於要性交」這種疑問是多餘的。「我們之間的關係，不知能否止於朋友關係？」這也是一種愚問。因為他生平最喜愛性行為，可以說是熱愛者。批評他的態度也是徒然，相信聰明的妳會瞭解的。

有愛情的性行為不能說是壞事，他並非只為了快樂而性交，這一點是可以放心的，最好的辦法是不要使他太著急，要考慮在何種程度之下，可接受他的要求，結婚生活是可以美滿的。

●處女座女性VS射手座男性

性好色又常做白日夢的他，讓妳看起來是個不實在而靠不住的對象。面對善於判斷現實的妳，他備受責難也是可想而知的。

對於性方面，他是屬於藝術的性感覺派，和機能優先派的妳成為強烈的對比。他的性技巧和熱情，使妳達到忘我的境界，但性方面被認為不熱心，是妳性格上的缺點。這對男女的會合最好是限於週末這一條線上。

●處女座女性VS魔羯座男性

對於性問題，妳沒有像他那麼重視，也可以說是妳的缺點。他對妳的肉體已經覺得很有魅力，而妳有時也許會埋怨自己，不能率直地把身體投入他的懷抱。性的知識已經很豐富，但熱情還是這樣不易燃燒……請妳千萬不要把自己當做有缺陷的商品。

他對於妳冷靜、害羞得像淑女般謹慎的性態度，可能會有一點掛慮，但多少提升了他虐待性的快感。也許有時他會對妳說「多表露一點性氣氛吧」。不過這是無礙於結婚生活的。

●處女座女性VS水瓶座男性

知識水準高的一對大多數是這種搭配。因晚上他們多享樂於聊天或欣賞音樂，故性交的次數自然會減少。這樣的生活雙方都覺得很滿足，他人無須關心他們次數的問題了。但其他的問題卻還很多。

對於性行為不很積極的妳，認為正統而平易的性交方式較好，但他對妳的缺

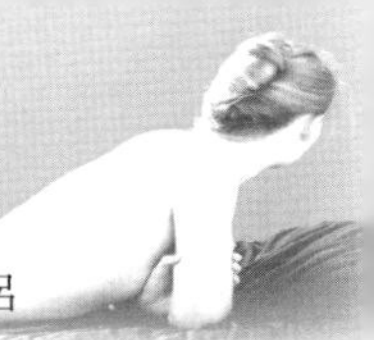

少變化可能會訴苦。如果妳被批評為反應遲鈍、淡然無味時，妳將會怎樣？性問題可能對婚姻有很大的障礙。

●處女座女性VS雙魚座男性

他是開口閉口都談論性問題的男性，他雖不曾無理地強行要求性遊戲，但他的腦筋卻被性所支配著。妳的性魅力在他的腦海中浮現出「性的幻想」，但現實的妳和他的性幻想卻相差十萬八千里。

因兩者距離很大，即使想努力去理解也無法辦到，妳要儘量拋開冷靜態度，體諒、瞭解他的理想。妳的判斷是婚後生活的關鍵。

七、天秤座
libra

9月23日——10月23日生

Ω

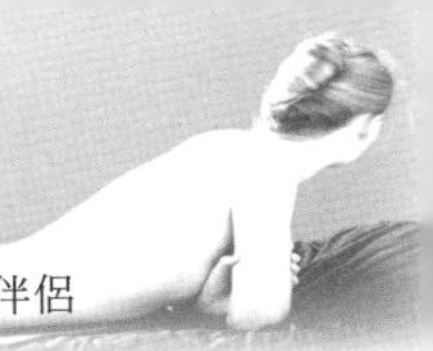

♎ 天秤座男性重視性的平衡感覺

周圍沒有變化時，對於天秤座男性是最好的狀態。當女性以眩目耀眼的姿態逼近時，天秤座男性立即忙得團團轉。一下子應付那邊的女性，一會兒應付這邊的女性，這樣好像天秤兩邊忽高忽低般地兩邊來回跑，可是，往往兩邊都會失敗，空忙一場。

這是因為天秤座男性缺乏為達到目的而盡全力的堅強性格。這種性格的男性都不喜歡運動，相反地對於用腦的遊戲卻很感興趣，如圍棋、麻將等樣樣都行。他的興趣也很高尚，既不接近不瞭解音樂、美術及文學的女性，就是以單一的肉體魅力突出的美人也是不符合其要件。

在公司裡對於協調方面的工作他最拿手。談話不投機會陷入彆扭狀態時，他是最好的調解角色，在這方面的人緣很好。這大概是天秤座男性天生就具有協調的才能。相反的若困難重重毫無以協調解決的希望時，他不會插手。

在戀愛時他的平衡感覺會發生作用。他認為在性遊戲進行當中，彼此致力於提高與奮的程度很重要。可是這種平衡感覺很快就會傾向一邊，對於看得起他的女人，積極地服侍得更起勁。有時會通宵殷勤地服侍，這倒和天秤有時會傾斜很相似。

可是，女性不認真時，他就不會這樣做了，天生具有透視能力，能透徹地瞭解女人的真心，這是其他男性所無法相比的。對於沒有意向而亂開黃腔叫絕的女性，適當地應付後就該匆匆結束了。這方面的本領可做為其他星座男性的模範。

天秤座男性，在性遊戲時不扮演指導的角色，而會把重任交由女性擔任，當然女性的命令他都唯唯是從。「舐一舐我的腳趾」「我會的」「其次是臀部」「好的」「再下來是乳房」「很感激」……等如此密切配合，因此很受女性的好評。女性會認為「他是毫無隔閡的好人」而向朋友自誇。

只是如果逼他進行性行為時，很意外地有不少人會失去興趣而打消念頭。相反地對於以緩慢的步調一步一步進入情況的女性，是最佳的性伴侶。在前戲花費充分的時間，枕邊細語一番，並以嘴和手指的藝術彼此享受時，氣氛即向爆發點急劇地升高起來。

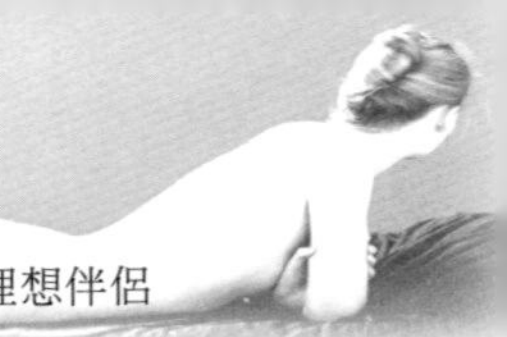

他對女性的身體和反應瞭解得很詳細。解剖學的知識也很豐富，性的形象也不會有什麼不自由。由興奮的女體可直覺地察知下一步需要愛撫的部位，最後會使女性禁不住地發出嬌嗲聲音而享受最高潮的樂趣。

天秤座男性雖然不是筋骨健壯的體型，但卻不用擔心。他卓越的性技巧，很快就會使女性心服口服。在持久力方面，他也絕不遜色。

一般男性的性遊戲有二種形態：

一種是單刀直入型，這是在達到最高潮的目的以前，只顧積極地一股勁行動的形態。他的運動激烈，以猛烈的活塞運動壓倒女性。由於如暴風般的性能力，終使女性搖搖晃晃，第二天早上幾乎無法站立。

另一種為曲線型，在彼此達到最高潮以前，利用手指技巧，慢慢地刺激女性的敏感部位，把她帶上最高潮的境界。他有卓越的技巧，與其說是性能力型毋寧說是技巧重視型才比較恰當。天秤座男性當然是屬於後者，可是如果缺乏經驗和學習，性行為就很難臻於爐火純青，這是此型的弱點。

天秤座男性，若在毛毯裡宛如摔角般花費長久的時間，始能完成性行為的話，必會讓女性瞧不起。此型男性對於爆發型的女性來說，最感頭痛、棘手。對於突出的大乳房，半脫著內褲而靠近來的熱情型女性，不宜立刻交戰。如果把時機弄錯，會像扣錯鈕扣一樣，性行為的進行就非常彆扭了。

「親愛的，你還沒準備好嗎？」

「不要急！飛機不是也要助跑才能起飛嗎？」

「這個道理我知道的，怎樣，小寶寶還不起來嗎？快一點催它站起來吧！」

像這種情形的話，一開始就相距很遠，想必沒有回復的希望了。

在賽馬時領先的馬有失敗的可能，但普通性交競賽時，領先型者會先行到達所要到的地方。當男性的小寶寶剛站起來想全力以赴時，女方已到了快絕頂的境界，這樣，天秤座男性一定會被視為無能者。

採取緩慢攻勢的天秤座男性，最拿手的技巧是用嘴來刺激。從乳房至腳趾尖，又從脇下至大腿，如畫圓圈般移動的熱吻，真可以說是天下一絕。同時把右手伸到她的下半身，使大陰唇和肛門之間的陰核享受到微妙的刺激時，女性即會興奮得渾身顫抖，這是珍藏的技巧所帶來的效果。

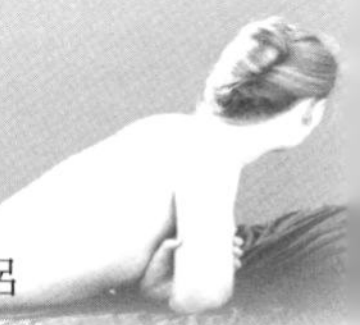

尤其是肛門周圍的巧妙手指遊戲技巧，可以說是讓任何女性興奮得幾乎窒息的妙技。

●天秤座男性VS牡羊座女性

她不習慣於靜而不動，在性行為她也喜歡積極的速戰速決。對於完美主義者，而且又喜歡溫和性生活的你，一定會反對她。性生活不能像上下班繁忙時間的捷運一樣橫衝直撞，你可能會這樣批評她。

當然，如果雙方能夠步調一致，床笫生活還是美滿的，決不會不調和。不用說，她有時會顯得很有魅力，可是你也許會懷疑她持家的能力。假如其中一位失去熱誠，則有破裂的危機。這就是問題所在。

●天秤座男性VS金牛座女性

她的肉體很迷人這一個事實，相信你是不會有異議的。當然，性關係也在水準以上。她很頑固，一旦說出口的事一定要做到底，這樣的女人你也許會覺得更可愛。即使生氣也那麼可愛——她就是這樣的女人。

在性方面稍微不調和，你是屬於浪漫派，而她有遊戲派的傾向。彼此若能體諒不同的性格，就有共同生活的可能。

●天秤座男性VS雙子座女性

二人均不認為愛情和性生活是互不相同的二物。雙方能尋求感覺性的刺激和技巧，都喜歡浪蕩，這正好互相刺激。這是能在床上熱衷於性行為的幸福一對。對於讓對方焦急而在一旁觀察的這種玩意，兩人均感棘手，只顧努力增進於愛情，認為愛情是永無止境的。

二人雖有時候因爭取主導而發生爭執，但熱情可掩蓋缺點而連結他們。感謝性格相似的二人其幸福的日子，不久就會來到。

●天秤座男性VS巨蟹座女性

很明顯地可看出你和她性格的不一致，性生活沒有太大的波動，你是比較重視事物的平衡，對於性生活也不求深入，而時常追求新鮮的伴侶。你這種迎新棄舊的心理，正是使她不滿的原因。

雖然她願靜靜忍耐著等待幸福的來臨，可是愛情不專的你，又具有一點孩子的依賴性，可能無法滿足她的希望。

●天秤座男性VS獅子座女性

你得天獨厚的遇到了好伴侶，她會以燃燒般的熱情追求性生活。兩人都是氣氛派，因為你已經完成應付她的準備，可以整體接受或互相疼愛，夜晚的時間一定會過得很愉快。

你有不輸於她精湛的性技巧天性，她有強硬的個性，自會提出相當多的要求，溫和的你必定能使她滿足，使她好像到了天國一樣。無論精神上，或性生活上都會讓別人羨慕的一對。

●天秤座男性VS處女座女性

天秤座男性的理想論和處女座女性的實利性大概會起衝突。她不重視金錢，常會搬出規則或道德來管束你的行動。剛愎的你，除了大膽地忽視她以外沒有他法。她在不滿之餘，會指責你的是非。

對於性生活淡泊的她，實在沒有補救的餘地。缺乏操縱術的人應避免結婚。

●天秤座男性VS天秤座女性

你很喜歡優雅有氣質和品性高尚的女性，她喜歡過著豪華的夜生活，你對於

這方面的服務，需要相當的功夫和金錢，否則她會有慾求不滿之憾。當然在這一路上你是屬於一流人士，非但不覺得麻煩，反而會沉溺其中。

性生活雖然多彩多姿，但結婚是現實問題。二人均有「夢的獵人」般相同之處，要覺悟現實生活的嚴重性，尤其是身為男性的你，責任是重大的。

●天秤座男性VS天蠍座女性

若是以喜歡猛烈的性行為女性為對象，等於體驗了颱風夜一樣。她全身富有精力，是個不把男性的精液擠乾就不滿足的強者，節省精力徒增她性慾的不滿足，你必須研究性愛技巧，嚐試各種體位變化，求得雙方的滿足。

你是個率直容易移情別戀的人，難以保證她不會伸出嫉妒之爪襲擊過來。雖可體驗到狂亂快樂的性生活，但日後卻有大風浪在等著你。

●天秤座男性VS射手座女性

你大概不會覺得她是一個無聊的女人。追求新的冒險又飛騰的她，自由自在地增進性關係，讓你飽嘗極為快樂的體驗。

平易近人的天秤座男性，對於她熱情又大膽的挑逗，一定會有快速的反應，

可享受性遊戲。若將一切家事全部委託她處理，雖有一點不放心，但畢竟不是無法解決的難題。

●天秤座男性VS魔羯座女性

這一對男女雙方的關係會遇到一點困難。魔羯座女性身材雖為男性所喜愛，而且又善於理財，但緣份則是另當別論。她是非常現實的女性，和滿懷理想的你相比，人生觀有很大的不同。

她對於性行為的態度強硬，又缺乏藝術眼光，這一點你也許會有一點掛慮。可是她對於你曖昧不明的態度也有一點放心不下。兩人性格的差異將導致悲劇，故婚姻很難幸福。

●天秤座男性VS水瓶座女性

在社交方面兩人都很活躍，家裡經常訪客盈門。時常參加聚會，朋友及熟人越來越多。由於平時是這樣的忙碌，無暇享樂性生活之顧慮是多餘的。

因兩人相親相愛，故在聚會後回家的路上，會以車代床。兩人尋求感覺和慰藉的心，能排拒肉慾上的結合，而發展出高尚的、心靈的愛契合。縱使會忘記去

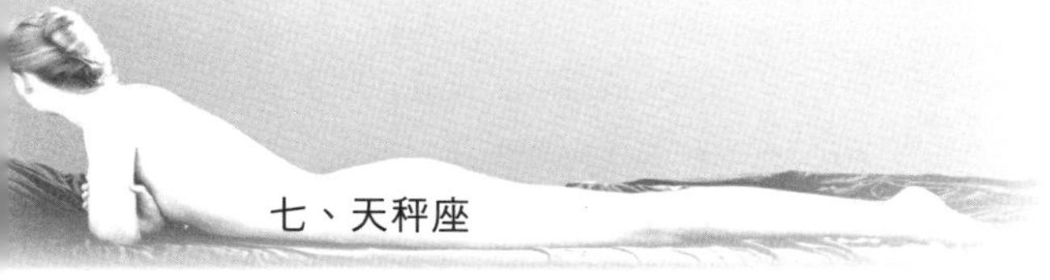

整理床鋪，但性生活是忘不了的，這是永遠熱情如火的一對。

●天秤座男性VS雙魚座女性

和她的關係雖然很好，卻容易破裂，交往起來始終放心不下。賢淑和敏銳的感覺，忠實奉獻愛的態度，會讓你喜悅。

可是纖弱的她無法向你表示強烈的感情，而你的個性又極為內向被動，在這種情況下，性生活往往難臻美滿。一旦你移情別戀，她在悲傷之餘會默默地離你而去。但假如能互相理解也能和睦相處。

♎ 能勝任高尚纖細性生活的天秤座女性

天秤座的守護星是代表美與調和的金星。天秤座女性，以出美人出名。「如花似玉」的美女，以及皮膚細白的女人，出奇地都是天秤座出生的。

也許因其本人漂亮，她們非常喜歡美麗細緻氣派的東西。她們喜歡以高尚的姿態，穿著雅緻的衣服，噴灑高貴的香水，並戴著高貴的寶石。換一句話說，她們最喜愛擁有高級服飾。對於音樂、繪畫、建築等也有欣賞的眼光，她住的公寓充滿著美術館的氣氛。

對待這樣的女性，男性雖很麻煩但也無可奈何。在宴會席上，她會像裝飾寶石以顯示自己一樣，硬要擔任護花使者的男性前來襯托自己。

和男性的關係雖未至遍歷全天下男性的程度，但在舞會伴舞或宴會同伴的男性，有隨時被更換的可能。雖由護花使者角色升格至一起上床，還是不能高枕安睡。裸體的你如果肚皮鬆弛而缺少肉體美時，會被她認定不合格。

有一位天秤座的女人訴苦說：「依占星術的緣份判斷給她選的男性，是個身材高大又瀟灑，收入也很豐富的年輕律師，但她對他卻沒有一點好感。」

「話從上床初夜說起。他的『那個』好像澳洲土著的回飛棒一樣盤成一團，根部雖然粗大且威風凜凜，但周圍卻包圍著紫黑色的血管，好像被常春藤所圍繞的密林巨木一樣。男人的東西應該要雅觀一點才是，前端變為紫色。也許是使用過度。看到這副德性，實在令我倒退三步。為什麼早不跟我提起這事呢？」

過分的審美眼光也是傷腦筋的。普通的女性在初次和男性同床時，絕不會這樣仔細地觀察。在普通的情況下，女性都會被男性英俊的身材壓倒，而不會注意

男性的「那個」形狀，但她卻一開始就在注意「那個」。

她會很巧妙地演出性遊戲也是天賦的才能。在她公寓和她過第一夜時，她會穿著雪白透明的睡衣，可由背後檯燈的光線使她的裸像浮現起來。這時如果不仔細觀察稍微暗淡的陰部周邊的光景，以後將會發生困難。

她注意的是男性對她的觀察、反應，所以若男性不真正地成為她肉體魅力的俘虜時，她就不會滿意。

其後的性遊戲細微觀察，也成為必須科目。她在遊戲過後必定會詢問你。

「親愛的，我好嗎？」

前面已經說過了陰部觀察，是很重要的，也是很管用，因為她會向你試一試觀察的程度。如果只能提供與她所期待相反的資料，那就完了。她絕不會再度請你一起上床。

喜歡性演出的天秤座女性，對於性行為的功夫很有一套。譬如說，她比別人倍加熱心的整理陰毛，在性交之前一定要使用香水，同時她會把陰部剃成「心臟」型，在中間以細小的簽字筆寫上她愛人名字的頭一個字。

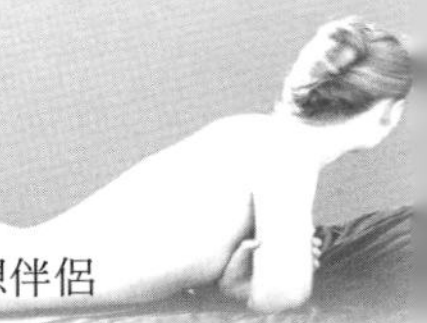

有一位叫做阿尼達的女性，她是在陰部吊著鈴子來性交的。不用說這時的體位，阿尼達是在愛人上面採取跨坐的姿勢。隨著腰部左右搖動，鈴子就隨著動作響起來，加快激發兩人興奮。

最能使天秤座女性達到極度興奮的方法，是在天花板上裝置鏡子。能把全身映出來的鏡子，可使性行為得到好多倍的快樂，最重要的是照明，最好調節到使女性雪白的裸體朦朧浮現。

剛開始時，面對鏡子有點害羞，所以她就俯伏在床上。這時要慢慢地按摩她的背部，其要領是用雙手從臀部開始，像畫小圓圈似的慢慢地愛撫，一直到肩部才停下來。當按摩至肩部時，她會興奮起來而把臀部提高。這時要立刻開始按摩大腿內側。到了這個地步，要讓她改變方向仰臥起來，只是時間的問題了。

處於興奮狀態的她，馬上按住乳房變換姿勢，使正面朝向天花板上的鏡子。這時候應先愛撫乳房後才開始性交。

她的陰道肌肉會巧妙地蠕動起來，這也許是守護神維那斯所賜予的隨身法寶。她富有自由自在地把局部收緊或放鬆，用以玩弄男性的才能。

●天秤座女性VS牡羊座男性

妳是一位感覺靈敏的完美主義者。凡事不喜歡半途而廢，也不願意受伴侶管束。可是他竟然是個典型的忙碌者，是個精力充沛的男性。

在性行為時也是一樣，他覺得慢慢地一步一步進行，幾乎令人打盹，他是專門採取急攻的好手。

如果妳有所準備，那當然沒有問題，但如果妳錯失良機，往往會演出悲劇。過了一段時間之後，性生活雖然順利，但他卻反而不關心家庭生活。在結婚生活上，這兩個人的性格差異實嫌過大。

●天秤座女性VS金牛座男性

意外地他是個醋罈子。金牛座男性具有超強的性精力。性方面雖讓妳很自由，可是有時會令妳不安或嫉妒。在性遊戲方面是絕佳的搭檔，常展開熱情的遊戲。男性應研究性技巧，說些甜言蜜語，以增加閨房樂趣。

雙方口角的起因，常出於他的直率，要推翻他的前言是不簡單的。但是這些問題在兩人上床之後，全部一筆勾銷。

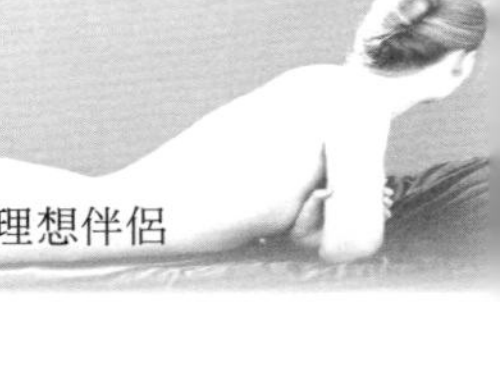

●天秤座女性VS雙子座男性

這是互相被吸引的一對，愛情親密，房間充滿了多彩多姿的演技。雙方都有製造氣氛的能力，可以長久追求性生活的歡樂，絕不會厭倦。這種好氣氛是這二人不會強制對方的性格所帶來的。

為了性遊戲的方式，兩人雖然偶有歧見，但實際的性行為時，女性對男性的任何要求都能應付，能解決一切問題。婚後生活是永遠幸福的。

●天秤座女性VS巨蟹座男性

妳也許會使他陷於不幸。他並不是浪蕩子，也不喜歡花錢。在他看起來，妳宛如一個放浪者，在性行為的瞬間，他也擔心或許妳會飛到另一個世界，而覺得缺少了安全感，他就是具有這樣的性格。

也許妳覺得已十分地愛著他，但他仍有嫌不足的反映，妳對單純的性生活是不會滿意的。結婚生活終究是不會美滿。

●天秤座女性VS獅子座男性

這是彼此均能滿足對方所要求的很理想一對。妳變幻自在的「愛」誘導技

巧，對他而言，是很寶貴的魅力。不管是合作的態度，深厚的愛情，最高的性技巧……無論那一項，他都很佩服妳，而由衷地想把妳佔為己有。

在結婚生活時，好好利用燦爛的美好時光盡情地享樂吧！你們在性生活方面一定會得心應手。

●天秤座女性VS處女座男性

他是個一點也不通融的人，和他交往，一定會覺得很累。像法律家的他，對於性行為也斤斤計較，初次的性行為都不太願意花錢。另外，妳的性格是喜歡享樂衝動的性生活，而且用錢也出手大方。雙方的性格有這樣大的差異，但他還是一味力行他的要求。

在女性方面倘能忍耐，那是另當別論，否則結婚生活有起風波的危險。性生活方面比較調和，女性的好奇心和實驗癖，能刺激他的快感。

●天秤座女性VS天秤座男性

他也許是很理想的做愛伴侶，對於性行為之前，喜歡慢慢準備的妳，他也會很用心良苦地在枕邊給妳放一束鮮花。這一對男女性生活，步調一致，均以同床

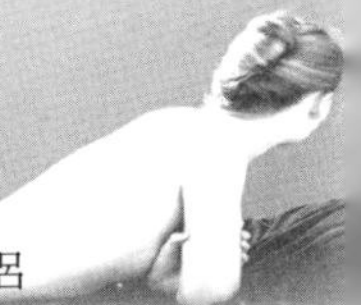

共眠為樂，而有欲罷不能之勢。

兩人都想建立和平、快樂的家庭，惟有一點必須考慮是，他是否理家的才能，在結婚之前，對這一點要徹底瞭解清楚較妥。

●天秤座女性VS天蠍座男性

他的性能力很強，非以連續波狀攻擊把妳搞垮不罷休。他的性技巧精湛，也會使妳歎為觀止。可是，性能力越強的男性，越想佔有妳。若妳和其他男性眉來眼去時，他一定神經過敏地責備妳。

男性要注意不能出言不遜或舉動粗暴，因為女性自尊心很強，假如感覺受到一點輕蔑，她不但記在心裡，也會記在「身體」裡。

結婚生活的路並非平坦，而是起伏不平的。

●天秤座女性VS射手座男性

射手座的男人較活潑，在性遊戲方面也有多彩多姿的精巧技術。他會表演各式各樣的性遊戲技術，使妳目瞪口呆，達到魚水交歡的境界。妳既然有這樣了不起的伙伴，對於性生活是絕對不會厭倦的。

不過在家庭生活方面，他是不太理想的伴侶，若不事先瞭解這一點，家庭容易起風波。生活的步調如果能一致，也可建立美滿的家庭。

●天秤座女性VS魔羯座男性

妳若能妥善駕馭頑固又討厭說恭維話的魔羯座性格的男人，那妳是身懷第一流的「男性管理術」了。他是現實主義者，把金錢看得很重，處事認真努力，絕不會半途而廢。

性生活也是一樣，是個認真堅強的努力型，使人有一種並非享樂而是體驗的感覺，這和妳的性形象有很大的差異。若有可能把差異如此大的他，好好引導，這世界上就沒有什麼不可能的了。

●天秤座女性VS水瓶座男性

你可知道這種組合的男女大多數能和睦相處，而且幾乎是有名的伴侶嗎？男性常會把新鮮的刺激帶進家庭。社交家的妳，不但不討厭反而很歡迎，所以經常有朋來訪。家裡常有朋友來訪的情況下，真正成為快樂且甜蜜的家。在聚會或舞會時，也有各色各樣的朋友，在會場雖然他們各自離開不在一起，但這是在彼此

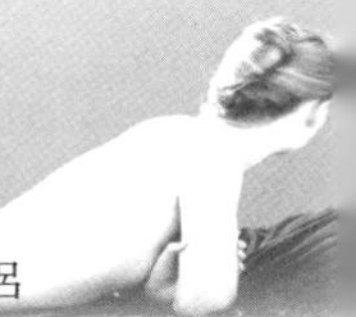

互相了解之下才這樣做。

兩人不適於在密室裡談情說愛，而是要和朋友一面談天喝酒，一面唱歌作樂之中培養起來的。性生活也常在蜜月氣氛之中，步調相當一致而很快就會進入佳況。

●天秤座女性VS雙魚座男性

身為男性的他，擁有纖細的神經，他必定會很溫和地跟著妳。妳是比較喜愛有魄力、可靠的男性，他會被拋在妳理想線之外。

他對妳做獻身的服侍雖無可厚非，但其依靠妳的態度，一定不會受妳歡迎的。沒有魄力而人格不很健全的他，自然而然會增加妳的負擔。兩者相處總有一點不自在，婚姻包藏著嚴重的隱憂。

性生活方面，依靠五官和情緒的他，能刺激妳的被虐待性慾，雙方各取所需，深得喜悅。

八、天蠍座

scorpio

10月24日——11月22日生

♏天蠍座男性會如狂風般地支配女性

天蠍座男性的特徵是隱藏自己的內心，有很強的嫉妒心，性格慎重，心思深細，只要訂定目標，就會以堅強意志力達成，最拿手的是快動作。他常不確認女性是否同意共眠，就一個人匆忙地上床。

「女人只要跟著我走就好了」常打著這樣的如意算盤，但他的心裏絕不是這樣，女性是否服從，他還是很在意，只不過不表露出來而已。

另外一種型式就是，根本不加理睬床舖，而喜歡站著脫光衣服，女性看到這情景雖會發愣，但男性的裸體也是一種興奮劑，當男性脫光衣服，展開兩腳，擺好性的姿態站在床邊時，一般的女性都會看得出神而興奮得渾身熱起來。

面對威風凜凜的男性，女性一定會顯得軟弱而經不起考驗。女性想像其後興奮的情景時，渾身更熱而終於無法抑制性衝動。這是一位女性朋友對我說的。

「天蠍座男性做愛，有如遇到暴風雨似的，像雪崩似的極度興奮，實在無法形容。」

當然接吻也是相當強烈，常咬著女性的肩部而留著齒痕。女性的痛苦會使男性興奮起來。他想女性總是喜歡受到傷害，接受性的命令服從為樂。

對他而言，性行為支配著的氣氛是至高無上的。他會像國王般，強要女性熱吻男性的陰莖。尤其是喜歡在浴缸「有所動作」的人，從這時開始進入情況，將泡在熱水中的女性拉上來，讓她熱吻後，把她押往牆壁，然後把他的陰莖插進她裏面去。如果女性把身體用力緊縮時，男性會有至高無上的快感。因天蠍座是水性星座，男性會興奮是可以理解的。

兩人「交戰」後有兩條路可走，其中一條是逕往床上去，另一條是再度把女性泡在浴缸內。因天蠍座男性的持久力超強，這只不過是開始而已。以後隨即要享受全席的，故女性要大忙特忙起來。

由於這樣，必須勸告和天蠍座男性來往的女性，一定要利用空檔好好把身體保養起來。若不好好保養，容易發生病痛。

為使持久力增加，有人在性交前先放射一次，有人在行為中，咬唇或擰身體某處，藉痛苦抑制興奮而期待持久，更有人每次小便數秒即停止一次，用以訓練

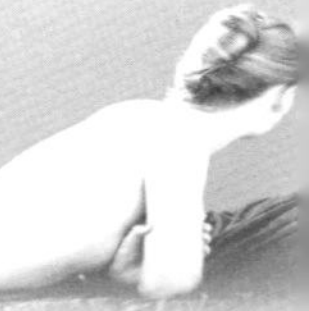

持久力，這些人都是天蠍座男性。

身為熱衷於性生活的天蠍座男性，陰莖最優先要做的是訓練。據不惜一切努力的男性說，最近陰莖伸大器很流行。這器具也可叫做「陰莖擴大器」，是用於鍛鍊陰莖肌肉，使它發達的設備。

相反地有的男性使用擴大帽使陰莖能達到性能以上的規格。這是為使女性不失望而戴上大規格的帽子。不但可增加持久力，而且在股間有出現活力的感覺，令人有難以形容的興奮……。

支配天蠍座男性的是信仰「生殖器」。因富於熱情而容易被感情所支配，別人無法預料他的下一張王牌是怎樣打出的。憑著本身的性本能行動，熱烈追求女性這一點，他是不會落在人後的。

因為太過熱烈追求女性，有時會被人譏為「風流鬼」。可是他並不因而畏怯。在此不禁要勸告女性：

「妳要格外小心天蠍座男性，他的性慾望有隨時爆發的可能。在天蠍座男性的字典上，找不到所謂自己抑制的句子。欲避免危險，應遠離天蠍座男性……」

請不要為了這麼嚴重的話而生氣。接著下一步會繼續下去。「可是，和天蠍座男性來往的女性，可以體會到想像以上的性滿足感。『居然有這樣美好的性享受嗎？』妳必定會以滿足的姿態來報告」。

如果能在這個階段結束當然很好，可是有時會超越界限。天蠍座男性，有時會要求比這更多的快樂。常有很多女性吐露恐怖的體驗，或為性的被害而訴苦。身為女性，若深入來往，有時會引起很大的困擾，應小心才是上策。

聽了這些話，反而會不知不覺湧上鬥志時，你有充分的資格當天蠍座男性。真不愧是如人家所說的風流鬼，天蠍座男性，挖空心思地研究「女性攻略法」。他把性行為當做一種遊戲，不斷地運用如何誘惑，或玩弄的智慧。這在別人看起來雖像惡魔的化身，但他自己卻毫不在乎。就如想像賽馬時優勝馬衝進終點線的雄姿，引誘女人成功的情景浮現在腦海中。

可是，天蠍座男性，對於「女性解剖學的考察」卻提不起興趣。他相信如何支配女人比什麼都重要，可惜研究改進性技巧的人並不多。很多女人感嘆地說：「在上床以前既有這樣高的熱情，如果肯再研究性技巧該多好。」

●天蠍座男性VS牡羊座女性

這一對男女是理想的性伴侶，可期待豪華的性遊戲。她如泉水般地湧出的性觀念使你感激。你也可以最高的熱情迎合她，而進行壯烈的性狂宴。可是她真能只把你當做特定的性伴侶嗎？這就是難題，而這難題常會困擾著你。

不論你向她說明在性遊戲方面有多大的本領，若她聽而不聞，婚姻生活觸礁的可能性非常大。

兩人要在互相安慰憐憫之中結合，結合之後也不能忘記繼續那種互相慰藉的人，這樣才有可能協調。

●天蠍座男性VS金牛座女性

你的對手如果沒有強烈的性能力，是無法使你滿足的。這一點她既有充分的持久力，而且僅聽到性問題就馬上興奮起來。強烈的肉慾加上精力的肉體，兩人的遊戲可玩得非常起勁，你在床上可期待最高一戰。

可是她用錢很浪費、遲鈍，又有懶惰習性，不管如何向她說明，天生遲鈍的她，無法機敏地行動為致命傷。

你們都是固執的人，均為不願意妥協的一對，所以你們的交往如果僅止於情愛的線上，還是會處得不錯的。

●天蠍座男性VS雙子座女性

她是個輕言快語，情緒容易變化的人，認為你有點陰險，你雖然可從她身上得到性的滿足感，卻很難使她時常陪伴在你身邊。因致力於性行為的時間短暫，這樣容易破壞你的氣氛。

善於社交的她，喜歡到處顯露她的魅力，所以你想佔為己有是有一點勉強，性生活的步調很難一致，婚姻生活上衝突在所難免。

●天蠍座男性VS巨蟹座女性

倘以巨蟹座女性為對手，性的慾望會充分地滿足。巨蟹座女性性慾很旺盛，持久力也相當不錯。你大概也不會輸她而很賣力。

你們性生活充滿濃厚的氣氛，兩人即使沉默也能契合相通，任何一方都不會很快就冷下來，也不會為性遊戲技術不足而煩惱。想和別人比較而煩惱的你，如果是她，是不會有煩惱的。

雙方都是情感豐富的星座，因性的魅力，任何問題都可雲散霧消。性問題可引導你們的婚姻生活，臻於幸福的境界。

●天蠍座男性VS獅子座女性

男女雙方個性都很強。她會穿著誘人的服裝，噴灑濃濃的香水，引誘你的「勇氣」，她的性能力雖然不錯，但不一定會照你的命令而行動。

支配慾強的你，拙於應付她的脾氣，相反地常會因強迫的態度而使她生氣。你最好是選擇順從型的女性為對象，和獅子座女性結婚，是不好的性相，生活會有很多的糾紛。

●天蠍座男性VS處女座女性

和她的興趣雖能一致，但性問題則不然。她對於性問題是屬於冷淡型，和你恰恰相反。你是精力型的慾求，喜歡激烈而富有熱情的性生活，而她卻喜愛慎重平凡的性生活，常會覺得受不了。「性生活也有規則和準備」——對於這樣的女人真是拿他沒有辦法。

她自身的類型，與其說演技者，不如說是評論者，和你的性行為亦會成為批評的對象。由於你的駕馭術，使她能依靠過來，雖可建立幸福的生活，但若是你們之間的妥協不成立，你愛情不專的現象大概不會終止。

●天蠍座男性VS天秤座女性

這是一對具有非常微妙的平衡結合。她在性生活上，無論熱情或技術，雖可使你充分地歡樂，但卻不能永遠持續下去。她情緒好的時候當然沒有問題，但情緒欠佳的時候，即不會順應你的引誘。

此外，她會要求豪華的性生活，但這對你而言是很辣手的。因雙方均有意識過剩的現象，結果會導致性的畏縮。

●天蠍座男性VS天蠍座女性

兩人都是精力型的星座，互相不會有不滿足感。請想像這兩個極為喜愛性生活的男女上床後的情景吧！

可由她那裡得到身體如燃燒般激烈，而有時又像船被大浪漂流般，興奮得胡亂打滾的經驗。

可是結婚問題必須慎重考慮，雙方個性的衝突是無法預防的。她因為嫉妒而升起的猛攻，可能帶給你致命傷。

●天蠍座男性VS射手座女性

她給人的性感覺雖很有魅力，但更進一步的交往，應該避免為宜。做為性伴侶還可以，但要她進入家庭是不適合的。

「自由比家庭更為重要」她常這樣表明。你的理想是，需要順從你的意思行動的女性，故不管和射手座女性的步調如何和諧，仍無法考慮結婚的問題。和她的關係，最好是止於性伴侶的程度。

●天蠍座男性VS魔羯座女性

她一定會成為你很好的伴侶。她對於性生活很熱衷，又有持久力而不會厭倦。精力旺盛的你，和性能力很強的她，一定很合得來。像你這樣有積極性格的男性，她一定很喜愛。

內向的她，其本意是在求性精力旺盛的男性，因此對於你幾近囉嗦的干涉態度，對她而言，是毫無妨礙的，彼此都能在對方的身上發現自己的影子，互相抱有踏實的印象，男女雙方可以過著美滿的幸福生活。

●天蠍座男性VS水瓶座女性

講究氣氛又善於社交的她，喜歡管閒事，其他的事比家庭更為關心。對她不照顧家庭的態度，你一定會抱怨。

在性生活上，你是精力型，她以理智的愛情為重，見解不一致的情況也會顯露出來。她雖有很好的感覺，可惜你無法好好的引導她。

●天蠍座男性VS雙魚座女性

這是一對很理想的結合，性生活上也有很好的享樂。本來性想像力很豐富的她，再經你的指導，必可磨練出更銳敏的感覺。被男性緊緊地擁抱，並被壓臥於床上，這正是她長久夢寐以求的願望。

你喜歡吃醋、嫉妒，變成性行為上的虐待，而如此反而增加她的快感。你應有信心除了你之外別無他人，能指導她而使她幸福。

♏白天是貴婦，晚上搖身一變成為娼婦的天蠍座女性

天蠍座女性，最喜歡奢侈生活。瞧不起手頭拮据的男性，也會拒絕衣冠粗簡

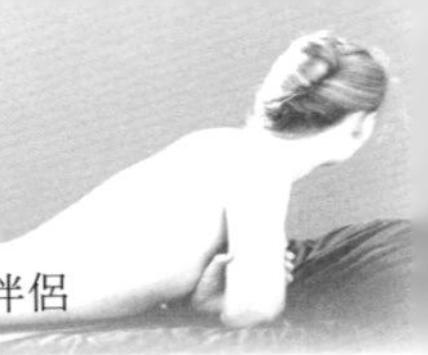

者來擔任護花使者，這就是她的缺點。相反地她喜歡講氣派又花錢大方的男性。僅有服務精神旺盛的男性，最好從開始就不要和她交往為宜。

旅行時喜歡乘坐頭等車廂或飛機。能慷慨花錢的男性，她雖願意同行，但一旦旅行結束時，即將錢的事忘得一乾二淨。如果有時能回想往事還算不錯的，出錢的男性最好不要有非分的期待。這是和天蠍座女性交往最重要的常識。

她個性之強是超級的，是個勤於工作又好玩的人。一旦開始玩就無法控制而玩得超越限度，等到疲倦得不能動彈的時候便說「啊！我滿足了」。天蠍座女性如此的很多。在這種情形下，和她交往的男性雖不會覺得乏味，但是，也很想吐露一點「是不是平靜有節制一點地進行比較好呢」？

對於愛情也會過於認真。以天蠍座女性為對手時，原本以為玩火的程度，卻有很多事例，演變為意想不到的大灼傷。這是因自以為是強女人而想操縱男人的天蠍座女性，多管閒事引起的。若男性幸運地擁有很多金錢，而炫耀自己有自信交到一個女人，這對女性而言，也是迷人的魅力。結果女人會被沖昏頭腦，向男性糾纏不休，當清醒過來時，已經太遲了。

要離開她是很難的。最笨的方法是，向她說「已經找到比妳更好的女人。死心吧」的話。天蠍座女性聽到這話時，便垂下頭流淚，但絕不說「再見」。之後對於新情敵的敵意急遽升高，所以要格外當心其冷不防的報復。

天蠍座女性，當然也很喜愛性生活。

「我很喜歡大型的床鋪，這樣可自由自在舒服地睡覺！」

女性若是提起床鋪，即其內心有意思的證據。「大型的床鋪，在性遊戲時可享受自由的姿勢，這是它的特徵。因不必顧慮頭腳要在那一邊所以很方便」——這是性開放的女性信號。

「不要託辭疲倦了，你也來享樂吧！」

這樣地被引誘，而還無法享樂的男人，實在有失男人風格。

有很多男人，被天蠍座女人絞盡體內的精液而臉色發青。如果想和天蠍座女性和平相處，男性諸兄應對自己的身體好好鍛鍊保養。

對於男性而言，比較有利的是，天蠍座女性不太重視容貌和學識。不論是大公司的老闆，或外表如何英俊的男性，若性能力不足，就無法和天蠍座女性長久

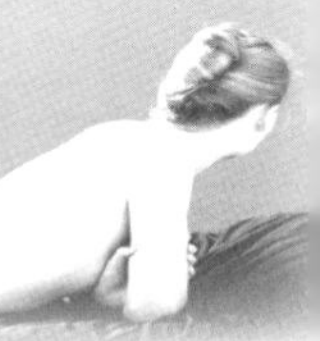

相處。

當天蠍座女性在床上興奮時，她會頻頻叫出聲來。她認為沒有必要隱藏自己的感情。當然這時男性的熱情也會升高，而女性看到男性的反應時，亦會更加興奮起來。

在性交時，時間是個很重要的問題。若男性在短時間就完成，之後即轉過身背著女性睡大覺的男人，不會滿足女性的慾望。不管需花多少時間，不管翌日的太陽多高，最重要的是要設法使女性能滿足。

對於男性而言，有難言之處，那是天蠍座女性對於男性的性知識知道得實在太多了。她很瞭解男性的陰莖不僅在性交時才會勃起。

「已經不行了，已經向下垂，這樣不是在點頭向人敬禮了嗎？已經力不從心沒有用了。」這樣實際讓她看已失鬥志而彎曲垂下的陰莖，她還不能諒解。

有一種很好的辦法。就是贈送她一些中間部份可向左右掀開的內褲，或可露出乳頭的乳罩，或者是性感的內衣等。天蠍座女性白天是貴婦，晚上則變為高級娼婦。她也很喜歡性感的內衣。

天蠍座女性所討論的都是些「男性持久法」。對於如何延長陰莖勃起時間的，建議她們一些配在陰莖上面的小用具，和減弱刺激的秘藥。把某種藥物塗在陰莖的前端時，刺激會減弱，持續時間便可延長。

情趣小用具中的人工陰莖有單一、成對和肛門用的，這些大家都知道，除上述之外還有更奇妙的。有些女人會使用一些體油之類的雪花膏，或二十分長的振動器。

一旦興奮的女性，是很難使她回復過來的。她在你的背後，插入振動器，使能延長持續時間。前列腺振動器按摩也需要做的，和天蠍座女性同床的男性，事先應該有這樣的心理準備。男性每夜在這種情況之下，一定不會忘記如此強烈快樂的性遊戲。

天蠍座女性對於同性戀氣息也很濃厚，這時想當男性角色的佔多數。她們也會像男性一樣，喜歡以杓型姿勢從後面開始。

●天蠍座女性VS牡羊座男性

妳和他會體驗過美好的晚上，他很喜愛性行為，為了滿足性慾，妳也很願意以身相許。面對男性不斷更換的多彩性技巧，妳都具備著配合任何步調的能力。可是，結婚後可能會更……這種期待是多餘的。

不能保證他的性熱情，不會受到其他女性的歡迎。愛情不專是他的本性，可能有一天妳會為了他的移情別戀而嫉妒得痛苦不堪。不管妳如何勸他，他卻馬耳東風聽不進去。共同生活值得考慮。

●天蠍座女性VS金牛座男性

做為性伴侶，他是很理想的。他的性慾望是突發的，持久力很充足，性精力旺盛如機器般的他，必可使妳得到十分滿足。當然妳的性精力也沒有話講，妳喜歡黑暗和狹窄的場所，晚上的性遊戲，必會一再延長而盡情地享樂。

天亮後，妳如果想維持和好，就不要責備他不積極了。他對小的快動作比較棘手，這樣必會影響妳對他的印象。他的浪費習癖，妳必定會看不慣。所以，需要有解消雙方個性衝突的熱烈愛情。

●天蠍座女性VS雙子座男性

性能力超強、敏銳的妳，一定很喜歡他富有的男性魅力。房間一定充滿了歡樂的氣氛。在這種情形之下，如果他能誠實專心地順從妳，當然沒有問題，但是他有見異思遷愛情不專的傾向。妳又不死心，會馬上跟他起衝突，追究他的另結新歡，這是很危險的。

他雖無意傷害妳，但自尊心高的妳，已覺得不光彩。不管怎樣妳都想把他束縛在妳身邊，但要照顧他卻不是簡單的事。如果事先有吃苦的準備，結婚是無可厚非，但緣份是很淡的。

●天蠍座女性VS巨蟹座男性

妳有幸遇到好的男性了。性精力過剩的妳，如果遇到性能力差的男性，當然不能滿足妳的性慾，可是巨蟹座男性是不會使妳失望的。天生好色很喜愛性生活的他，連續的性交都能勝任。

兩人口中不言說，內心卻決定非卿不嫁，非卿不娶。他也很會愛惜妳的身體。但嫉妒心重是妳的缺點，如果和他交往，妳是不會有意見的。無論做為性伴侶，或結婚的對象，都是很理想的一對。

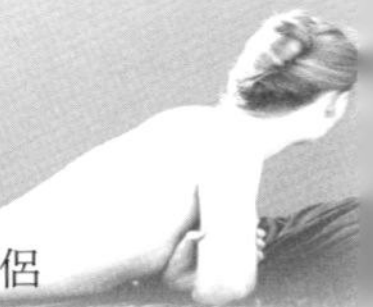

●天蠍座女性VS獅子座男性

帶有強烈慾望的天蠍座女性，男性要像捕獵物時先玩弄一番，再做致命的一擊，充分的前戲，補足持久力的不足，這是和合滿足的秘訣。

在短期間內他是理想的性伴侶，和妳一樣個性很倔強。互相脫口爭吵後就很難收拾，舌戰會持續下去，有時本來讓他一點就沒事，可是妳偏偏要批評他，以致弄得無法收拾。

自尊心強的他，經衝擊後回復的時間很緩慢，若僅做為週末的朋友，因性慾為優先，所以不致發生打架之事。

●天蠍座女性VS處女座男性

在興趣方面和他雖有相近的共同點，但性方面卻是相反的。與性方面既開放又熱情激烈的妳比較，處女座的他，對於性問題稍嫌冷淡，而對於性行為也不感興趣。

在腦海裡只有性行為的妳，面對這樣的男性，妳會氣得不知如何才好。這樣日久累積後，妳會開始移情別戀，婚後生活就會有危機。

●天蠍座女性VS天秤座男性

他有時候很熱衷於性生活，可是也有完全毫不關心的態度，因此常常使妳張慌失措。妳常會疑神疑鬼地想到：「他到底愛不愛我呢？」雖然不斷地有美好熱情的夜晚到來，仍然不能解決問題。

因為他是個無法按照妳的願望去實行的男性。像這種關係，婚後絕對無法和諧地生活，困擾、麻煩時時產生。

●天蠍座女性VS天蠍座男性

二人都是精力型的星座，在床上是最理想的一對，但結婚又是另一回事。妳大概會覺得他是使妳突破原有性界限的理想伴侶。可是在床外，他是極端囉嗦型，而要求又多徒增妳的困擾。

他干涉他人之事的習性很利害，尤其是妳和其他男性的講話要格外小心。最好是和其他有緣份的男性結婚，這樣就不必傷腦筋。

●天蠍座女性VS射手座男性

性生活初期很順利，但他要求過多時，妳可能會產生倦怠感，而且性行為時他喜歡光亮，妳卻喜歡昏暗，最好能協調一下，找出皆大歡喜的方式。

他天生就有自由自在，我行我素的任性性格。不管妳想如何管束他，但卻無法勝過造物者的設計。不幸，因妳的男性佔有慾比人家強一倍，他對愛情不專的個性，一定使妳受不了。

這種不幸事實一日不排除，婚姻生活是不會美滿的。若妳向他訴苦時，對於回答「我和妳公開也無所謂」的他，妳是毫無辦法的。

●天蠍座女性VS魔羯座男性

他和妳的性格很相似。慾望高有野心，而且性能力也很旺盛。與其說勤勉，勿寧說他很喜愛性行為，因自然會熱衷起來，所以可度過快樂的夜晚。

控制他的方法為對付他的態度要強硬。內向的他，對於妳的交待事項，反而會覺得安心，而賣力地為妳服務。雙方可以過著美好的婚後生活。

夜生活的秘訣要多彩多姿，精力型的他能有長時間的堅持行動，而妳也能得到十分的滿足。

●天蠍座女性VS水瓶座男性

他喜歡到處露臉，是個很喜歡外出的人，有時還會藉機會打野食。說好聽一點，這是社交上所需要的，說難聽些，這是不負責任的生活態度，富有家庭觀念的妳，一定會很不高興。

在性生活方面也不能算是很好的伴侶。他比較喜歡纖細的性生活，和熱情的妳之差異，可明顯地看得出來。婚姻上存在著很多缺點。

●天蠍座女性VS雙魚座男性

他和妳，男性——女性的關係恰好相反，他沒有魄力，而妳卻有數倍的決斷力及魄力。對他而言，妳堅強的個性，是任何東西無法取代的魅力。

性行為的進行，可能也是經由妳引誘的。可是雙魚座男性的性想像很激烈，不管交往到什麼程度，都不會感覺有什麼界限。性生活是良好的，婚後生活也會步入美滿境界。但要注意男性的「多情」

很豐富，若他命令妳出乎意料的事也要順從。他興奮起來時，也許會以舌頭舔妳的肛門，能這樣給妳殷勤服務的也只有射手座男人了。

發射本身的時間雖然不適當，但多數的女性卻會屈服於千變萬化的性技術。經過各種經驗後，技術水準自然而然會進步。

尤其是使用手指和嘴唇兩項技術，你有自信可說沒有人比你更高明了。只要溫和地擺弄大腿內側性感帶，女性全身會如通電流般，有相當的快感。舌頭也是最佳的武器，他以舌頭進攻乳首、內股、陰部的技術非常高明。

老練者會使用小道具，使用兩個塑膠球，在熱吻女性性器當中，把它放入陰道，再以手指去移動它。

射手座男性達到最高潮，「振動」的方式也是重要的一環。傳統的由單純刺激所引的反應，可以由周圍磨擦而達到最高潮的方式代替，有的只要把他的腳底磨擦就會發射的，有的只要按摩屁股下部中間部分、內股或是脇下部分，便百發百中達到最高潮，這些方法效果很好。

「我會達到最高潮，是因為她使用頷部和頸部，開始後不到一分鐘就發射

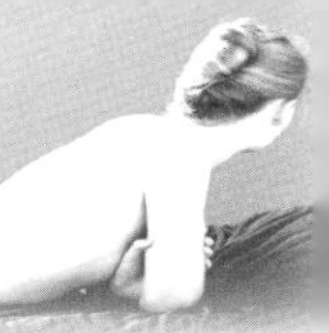

了。」——這是一位年輕朋友說的。

射手座男性，對女性的雙腿曲線容易屈服。很多人只看到美麗的雙腳便會興奮起來。尼龍製的性感內衣褲根本無動於衷，女性穿著長襪或靴，或帶著手套較裸體更會提高他的興奮度。

射手座男性，有強烈的戀物愛好症，例如拼命地收集女性的內褲等。有些男人會在性行為當中，要求女性「請把內褲塞在我的口中」。

●射手座男性VS牡羊座女性

你雖有被女性指使的可能，但你也並不輸她。她並非是愚者，無價值的事，她會儘量回避，同時你對她的成見也並不深，所以很快就會向她示好而妥協起來。因這關係，紛爭絕不會擴大，破鏡重圓的性行為另有一番滋味。

熱情的她採積極的態度，你也能放縱慾望，兩人不是技巧和手指的動作，而是整個身體的感受滿足。這一對男女可持續這樣美好的性生活。

●射手座男性VS金牛座女性

要和她共同生活得很好並不簡單。她是個忠厚類型的人，不會隨便為事物動

心，又很會整理家務。她是家庭第一主義者，對你常提起主人應有的責任論，她也拚命努力使你安定於家庭主人的寶座，難道你對這些事忍耐得住嗎？

在性生活方面很平凡，她按照日曆表行事，照約定日做愛情遊戲，其他時間很難配合。和不能滿足你慾望的她共同生活，人生是乏味的。

●射手座男性VS雙子座女性

她是不輸於你的好動者，又是很會動腦筋的人，所以，彼此是否能有一定的時間相處交談，是很大的問題。只要其中有一人能安靜沉著起來就很好，可惜兩人都很好動，所以比較麻煩。

他的性技巧和熱情，使得妳達到忘我境界。在順利的時候，雖可成為很理想的性伴侶，但這順利的時光能維持多久，問題很大。

●射手座男性VS巨蟹座女性

你和她有很極端的性格，她的個性是屬於慎重派，一點芝麻小事，也看得很嚴重。而你是屬於樂天派，明日的事明日再說，你是這種類型的人。

在性方面雙方的緣份還不錯，她在性方面一定會使你盡情享樂。但是一旦你

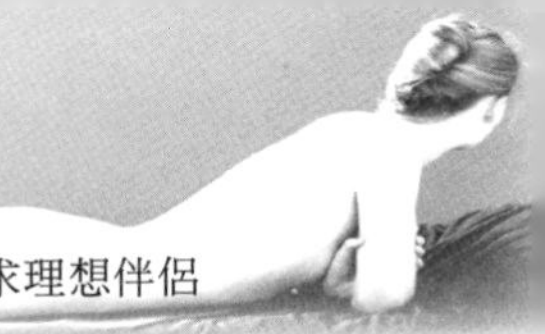

們關係固定後，你一定會產生由其束縛中逃開的意念。當你想到還是做性以外的朋友較妥時，已來不及了。

●射手座男性VS獅子座女性

若對方的器量狹小，或個性過強時，你的不滿感會爆發出來，你就是這種個性的人。但是這方面，她是個氣量很大的女性，很會理解你的個性，也不會嘮叨。聰明的你，應該看出她的價值，而坦率溫和起來。這樣建立起來的關係，才是美好的性生活條件。

兩人的性生活是熱情的結合，非常調和，但時間不會很長，兩人都是瞬間燃燒的，要研究新鮮的性遊戲方式盡情地享樂吧！

●射手座男性VS處女座女性

也許有時你會認為她是個乏味的人。你可能會批評她是個呆板不善於處理新事物，又是個啃書蟲。你是很外向很喜愛戶外活動的人，性生活也是很喜愛的。內向保守的她，愛情比性行為更重視，常把性行為放在次要的問題。你如箭般快速的「活塞」攻擊，有不受歡迎之憂，兩人之間不太協調，有難以克服的困

難。結婚是絕對不會幸福的。

●射手座男性VS天秤座女性

你要好好感謝她，令人高興的是她擁有你最需要的寬容精神。你喜歡冒險，又多少有一點愛情不專的傾向，她會很溫和地看護你這樣的人之理想女性，若不愛護而冷落了她，你會受天譴。

感度好的她，對於性反應非常銳敏，一定會使你感激不盡。你應好好表現，儘量愛護她才是。你們兩人均有很多朋友，他們一定很想來看你們甜蜜的家庭，對她的伶俐，你要好好珍惜。

性生活是官能的享受，她能配合你的熱情和技巧，達到魚水交歡的境界。

●射手座男性VS天蠍座女性

和她過的性生活，你應該很滿足才對。她的性感是天下第一流的，天生好色的性格，經加以磨練後才和你交往。老實說你們的婚姻是有困難問題存在。你是個喜歡移情別戀的人，對於獨佔慾很強，而把全身奉獻給你的她，只要有一點疏忽，麻煩的問題馬上來臨。

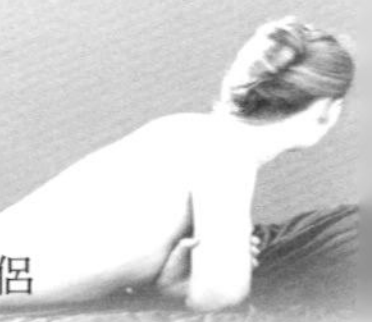

她在嫉妒生氣之餘，會做出什麼事情實在很難預料。倘你能很忠實地對待她，結婚當然沒有問題。可是，你要瞭解到暗戀其他女性的危險程度。要防止嫉妒之火上升的她之攻擊，不是鬧著玩的。

性生活的初期很順利，但你要求過多時，她可能會產生倦怠感。

●射手座男性VS射手座女性

你們兩人時合時離的表現是相同的。兩人有時熱衷於如燃燒般熱情的性行為，但有時兩人的感情卻格格不入。換一句話說，兩人的思想很複雜，無法時常關心某一件事情。

不過，兩人就是吵架，第二天她也顯得若無其事似的。無法期待這一對男女能時常維持著友好的氣氛。

性生活方面白天比夜晚更好，在狹小房間不能放開心情去做。

●射手座男性VS魔羯女性

這是沒有共鳴的組合。雖然知道她是個很謹慎的人，但老實的你，無意中會洩漏秘密而使她生氣，老實也要看情形。

對神經質的她，講話雖需要像以糯米紙包起來那樣注意，可是這對你而言是很難做得到的。因她對於金錢方面一點也不含糊，夜生活極為平凡，是標準型的，不要以為在性生活方面尚可就過於樂觀才好。

這一對男女往往因性格差異，而有發展至大問題的危險。

●射手座男性VS水瓶座女性

對你而言，她頗富有平衡感覺。她不會把你強留在身邊，你也不會硬強迫她跟隨你。因此，性生活雖然很淡泊，沒有燃燒似火的歡樂，但永遠洋溢著新鮮感，可以得到興奮的經驗。

即使你向她提出新的挑戰，她也會答應你的要求。這是很適合結婚的一對。

●射手座男性VS雙魚座女性

她太過於女性化的神經，只要有一點小事情便會受驚，而變得更膽小、沉默。若能給她安全感最好，可是在腦中想到而不馬上付諸行動就不舒服的你，一定難以理解她的需要。做為優雅性質的她之伴侶，你實在太過活躍。

性生活上，兩人的情感上差異很大，性格也很多不同，不會很調和。

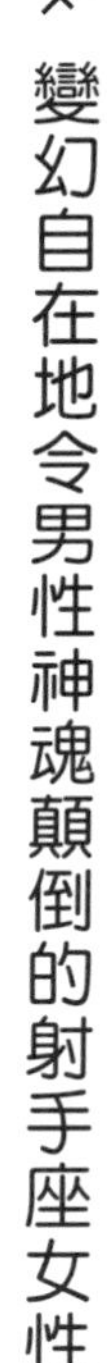

♐ 變幻自在地令男性神魂顛倒的射手座女性

射手座的守護星是可自由和探求的木星。射手座的女性，被認為是「風流的女人」，對任何男人都會關心一下。可是並非同意和任何男人交往。本以為可能傾向於熱心辯說的男性，但突然又被幽默的男性迷倒。

不過射手座女性不太深思，常以第一印象決定男性的好惡，以後就不太去關心他。所以要勾引射手座女性，需要有縝密的計劃和詳細的策略，要想出最有效的方法。最好能顯示性感的「男性魅力」給她看。但是，如果失敗就要知難而退。

如果要追求短時間的享樂，射手座女性是最理想的對手。她天生屬於「風流的女人」，並不適於做為結婚的對象，不過對於富有變化的浪漫性行為，她有一套，常有積極的反應。但是，雙方交易只有一回就告停止，第二天她又很老練地在物色別的男人，她的心始終漂浮不定而靜不下來。

她處理家事完全外行，根本無法管理或操持家務。家中就是變成翻倒的垃圾箱一樣亂，她也不在乎。規規矩矩的男性，最好避免和射手座女性交往。

射手座女性，很容易被外界事物迷惑，性行為常喜愛在戶外進行，帳篷、草原、森林、沙灘……等在家之外什麼地方都可以。加入天體生活實踐者俱樂部的女性，屬於射手座者比較多。如果觀看以裸體玩排球的女性情景，誰是屬於射手座當可一目瞭然。她們好像是放回水中的魚一樣活蹦活跳的。

在性技術方面，射手座比較笨，大多數求簡單地完成前戲而趕快進入情況，這點會使男性大失所望。

射手座女性多獨身者的原因，並非是性方面有問題，而是男性無法接受她的楊花水性，同時她對於別人的忠告也無法入耳。

變幻自在的她，也是能使男性焦急的女性。會以奇妙的床景使男人神魂顛倒而失去自制心。接下去就是她最得意的口腔性技巧。經過不斷而來的脫衣舞攻勢和口技，大部分的男性都會在頃刻間就發射出去。在這種情景之下，她卻顯得很平靜，以有條不紊的步調，對著直立的陰莖上端放下腰部，然後在達到最高潮以前再度把腰部提升起來。這個時候男性雖容易發生錯覺，但不能算是他的過錯。

從一開始就祈求和她的步調能一致是辦不到的，一定要經過數次的經驗後和她的步調吻合時，才會知道射手座女性在享受性行為之後的性感。

她的缺點是，雖有豐富的性體驗，但卻不知道性行為真正的樂趣。楊花水性的她，因有很多男友，所以絕不會和某一個男人交往到底。

對男性而言，和她的性行為不會覺得過癮。雖常有年輕新鮮的對手，但無緣享受極端的興奮，實在令人遺憾。雖然她說「真是個美好的晚上！」但這僅是指氣氛而言，並不是指你的性技術。

跟同星座的男性不一樣，女性對於性的小用具不感興趣，兩者成了強烈的對比。你就是給她準備一些諸如刺激身體的羽毛、電氣式振動器、混有香水的洗淨液等物，她也不過是歪著頭向你說一聲「辛苦你了」，倘若你要勸她嘗試時，她的回答一定是「不」。

有位四十餘歲的射手座女性所交的對象是個年輕的天蠍座男性，她就：

「他在性交完畢後，常在我的陰道插入剝皮的香蕉，然後用口把香蕉吃掉，他說這樣精力馬上就會回復。我非常討厭這樣的舉動，不答應他那麼做，是否和他斷絕往來來比較好？」射手座女性，對這樣的遊戲當然不感興趣。

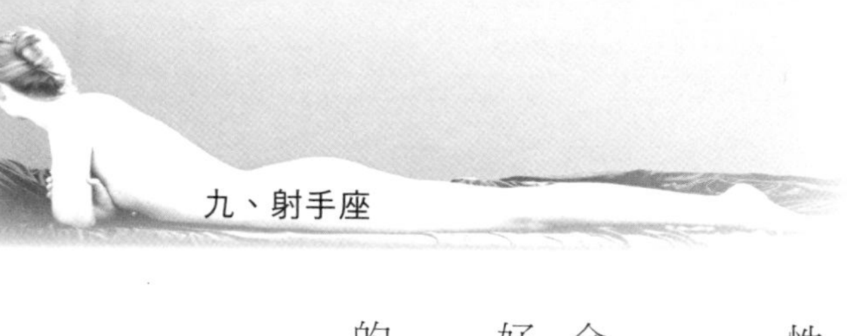

喜歡性行為的她，有時會選擇女性為對手。同性戀傾向的女性，若是射手座女性，差不多以男女為對手，而僅以女性為對手的人很少。

在同性戀的性行為上，她喜歡主導，自然地就會擔任「男性」的角色了。

在興奮時，意外地有殘酷的行為也不在乎，這樣有時可能會演出虐待般的性行為以取樂，所以千萬要小心。受天生星座的影響，有不少女性喜歡和動物發生性行為，她們比較喜歡以狗、馬為對象。

●射手座女性VS牡羊座男性

妳是比較沒有一貫性的女性。不過，對於事物並不拘泥，也有馬上回復和他合好的性格。他也是和妳一樣，雖會起衝突，為解決問題，互相均會發揮天生美好的性格去處理，故不致於把事情擴大。喜愛運動也是這對男女的共同興趣。

兩人都是火性的，床上的遊戲也會展開很激烈，沒有水性星座的浪漫、拖延的情緒，是開放的一對組合，女性稍有浪蕩的一面。結婚生活尚可。

●射手座女性VS金牛座男性

妳遇到麻煩的男性了。他和妳的性格有很大的差異，他常執著於某一件事，

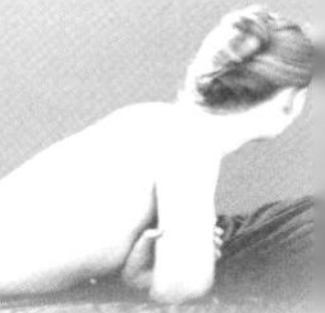

性行為也要著實按照一定的步調，依既排好的時間表進行。可是妳的關心是多方面的，喜歡場所的變化，什麼時候興起慾望就本能地立刻解決。

「按時間表進行的性行為實在沒有意思」——當妳如此明白的告訴他，他困惑的影子會浮在眼前。如果希望邁入婚姻生活的話，不僅是性行為，對於「寬容和忍耐」也要有很好的修養。

●射手座女性VS雙子座男性

性方面能一致，精力的她能應付虐待似的你各種要求。

但妳是否有因和他交往而變得神經兮兮的經驗？他是拘泥於本身的興趣，而妳是討厭執著一事的人。如果兩人在一起也是各管各的，想要協助他，也需要相當的努力。搞得神經衰弱的關係，絕對無法有所進展。不過雖是極小的或然率，成為美滿一對的例子不能說沒有。

●射手座女性VS巨蟹座男性

射手座屬火，巨蟹座屬水，互相只有反感，而無吸引力。由自在豪放的妳看起來，妳也許認為他是個呆板不通融的人。其實妳也不必要為了這件事再向他嘮

叨。他為和妳交往已經盡最大努力了。

如果妳能儘量體貼他，他必定會回報妳的。妳如果發揮大姐般的親情，好好照顧他，結婚生活一定更能充實。

有楊花水性傾向且性生活精力型的、奔放的妳，實行起來雖然很困難，但需要有決心和忍耐去實現。

●射手座女性VS獅子座男性

兩人都是火性星座，能迅速的互相吸引。這是人人羨慕的一對。他是度量很大的人，對於喜歡自由的妳，他不約束妳的自由行動。只要妳不違背他，他一定會很信賴妳，而隨時歡迎妳投入他的懷抱。

性行為也是一樣，只要妳不損傷他的人格，不管什麼無理的要求，大部份請求他都會同意。性行為如果能協調得很好，結婚生活一定不會有問題。妳要協助他克服困難，並和他共同享受夜生活。

●射手座女性VS處女座男性

這是一對悲劇的結合。令人頭痛的是他不像妳那麼關心性的問題。活潑又精

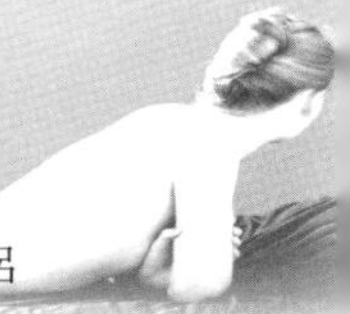

力旺盛的妳，認為性行為是在良好的氣氛下，找一個適當時間進行比較理想，但是他卻認為性知識的吸收最重要，而性行為是次要的。演技派和理論派的對立，被稱為「性」永遠的主題。床上生活奔放，要求達到妳的渴望，往往使得他有無力之感。對這樣的人，妳不會滿足的。

想到與那樣無聊的男性交往，不如死了好。所以不結婚對雙方都是好的。

●射手座女性VS天秤座男性

這是很好的一對。妳熱情、大膽的性表現，一定會使他滿足。他也會理解妳思想不專一的性格，不但是好聽眾，也能提供建議，努力設法做一個護花使者。妳要儘量撒嬌，體驗一個美好的性生活。

他一定會順應妳的要求，利用技巧來彌補精力不足，兩人可以同一拍子共同享受性的高度興奮。當然結婚生活一定美滿快樂。

●射手座女性VS天蠍座男性

天蠍座男性將白天隱藏在心裡的感情，在床上向妳發洩。一想到他的性感，妳會全身熱起來。他真像是熱情的性機器，你們所度過的一定是猛烈狂亂的一夜。

妳或許以為和他共同生活一輩子是最幸福，但問題卻沒有如妳想像那麼單純。他的視野窄小，當他知道妳無法讓他隨心所欲時，他不知要施展什麼手段。一生中有使妳含恨而終之憂，結婚生活不美滿的日子較多。

●射手座女性VS射手座男性

兩人氣味相投，能產生親近感，在性生活的方面都沒有問題。性行為的步調能一致，互相均瞭解需要刺激的部位，且到達最高潮的韻律也沒有差異，兩人一旦進入情況以後，性遊戲時間會延長下去。

可是性行為以外的事，由於互相期待對方太多，感情容易交錯。雖不會有極深的糾紛，但在日常生活中，風波會層出不窮。

●射手座女性VS魔羯座男性

天生討厭受束縛的妳，是個追求自由喜歡飛翔天空的女性。他是個處事很小心的慎重派，所以就是小事他也會掛在心中。可是他對金錢一點也不含糊，有浪費癖的妳，一定覺得不是滋味。

性生活也是乏善可陳，兩人沒什麼不滿，也沒有什麼喜悅可言。因性格的差

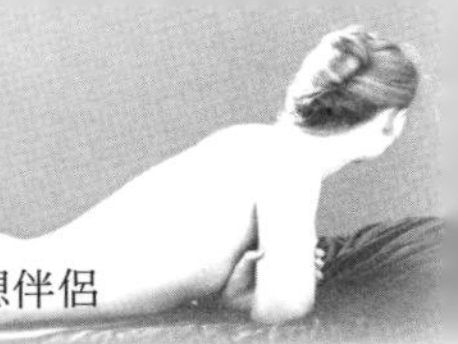

異很顯著，結婚是不適宜的。假定萬一結婚，妳必定會被迫讓步。

●射手座女性VS水瓶座男性

若和他的性行為還有不滿足的人，真想會見她。妳的性行為隨時隨地都有可能進行，換言之，你們的愛情是沒有時間和場所的限制。你們兩人都很有辦法做出大膽、刺激的性行為，也能誇讚對方的能耐。

其實儘量地嘗試革新性行為也並非壞事。男女間互相瞭解，互相照拂體貼，會使家庭生活更加美滿。這是永遠可幸福地享受性生活，令人羨慕的一對。

●射手座女性VS雙魚座男性

他是個敏感而一點小事都會掛在心上的人。天生樂天派的妳，遇事馬上付諸行動，講話也很爽快，話題也富有變化。這些對他而言，是個很大的衝擊。

妳的說話、待人的態度，以及對他人過分的關心，都會微妙地影響他的感情。妳應該要儘量溫和並抑制自己和他交往，如果做不到就不要和他結婚。

兩人夜生活方面有差異，妳是白天型，他是夜晚型，雙方可以利用假日選擇兩人都喜歡的場所和體位做愛，也是促進感情的方法。

十、魔羯座
capricorn

12月22日——1月19日生

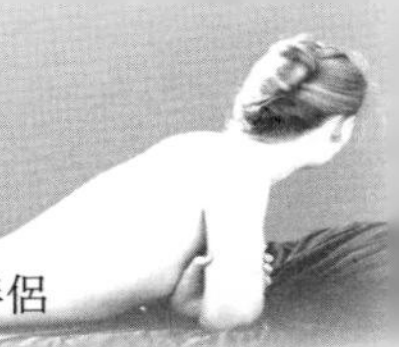

♑魔羯座男性是智慧犯的性動物

魔羯座男性的性觀念，係認為性行為和用餐或睡覺一樣，是生理的自然現象，這是其特徵。這和魔羯座特徵為好色的動物有關係。這個星座出生的男性，都具有性動物的傾向。他們雖認為這是生理現象沒有辦法，但對方女性是否也如此想，則是另一回事。

魔羯座男性，對女性的見解也不怎麼好。都以自己為基準地想，「反正女性也是皮一剝就是色和慾的結晶」在這種見解之下，常向女性大膽地強求性行為。若在男性為主的時代還不要緊，可是現在是「女性飛躍」的時代了。強要女性服務是無理的要求。

不過，魔羯座男性優越之處，是他處事有縝密的計劃。以關係企業賺大錢為他最拿手的。對於性生活也有相當的計劃性，如果由女性去做計劃及計算，是沒人能勝他的。

在性生活上他很喜歡訂時間表。結婚以前要和什麼女性交往，要挑選何種女性為妻子，孩子在幾年後要生幾個……等先這樣訂立週全計劃後，依計劃逐一實行。

雖然如此，性行為也並非是上乘的。把女性帶進旅館之前雖很積極，但具有愛戲應由女方先開始的令人討厭作風。因他始終有女性應順從男性意思去做的觀念，所以就女性而言，這是個很難相處的伴侶。

因此，和魔羯座男人的性行為，需要有技巧。首先應由女人把衣服脫光以引誘他。撫摸他的陰莖也是很重要的。如果堅持性行為應由男方擔任主導任務的女性，最好不要和魔羯座男性發生性行為。對於起動技巧沒有把握的女性，也不會有滿足的性行為。

魔羯座男性，雖屬於慢起動型，可是他的持久力超強地長久。曉得這個事情的女性，為了要應付男性，常在性遊戲當中進入浴室，或塗藥。另外，為試一試男性的性能力，有些女性常在性遊戲途中更換性技巧。

不過，這種程度對魔羯座男性而言，是沒有什麼關係的。他有時候會趁女性不在時，先行自慰而使陰莖勃起，他就是有這樣的毛病。經女性使用變化技術

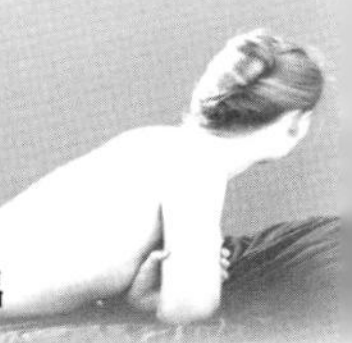

後，若會提早射精的，則有失魔羯座男性資格。

魔羯座男性所喜歡的前戲中，跳舞為其中一種，尤其是華爾滋有最好的氣氛。如果對占星術很詳細的女性，就會以下述方法誘惑他。

在稍微暗淡的房間，兩人跳起舞來。在火爐上燒著火以暖和身體。在靜靜的華爾滋韻律下，緊貼的身體會確認對方的反應，女性會情不自禁地呢喃起來。

「我很想邊跳舞邊脫光衣服。親愛的，好不好？」

一件、又一件互相把對方穿的衣服脫光，最後神秘地跳起脫衣舞來，繼而就進行性行為了。這就是誘惑魔羯座男性的秘訣。一旦進入性感之舞時，魔羯座男性便興奮得腰都直不起來，不管面貌是怎樣的女性，他都忍不住而想和她發生性關係。

究竟要把女性放置在床上，或讓她橫臥在床鋪的毛皮上面，或者是要站著進行性行為，就要看當時的演變而定。大部份的女性個子比較矮，男性就把女性的腰部提高，而女性即展開兩腳纏繞於男性的腰部。當然舞還是繼續進行著。

另外還有一種能使魔羯座男性滿足的技巧，就是使用乳房撫觸男性陰莖。效果之好，一定要有經驗的人才能體會得到。

虐待狂旺盛，也是魔羯座男性的特徵，在性行為時，常讓女性咬著箝口物以取樂，魔羯座男性會如此的很多，實在讓女性頭痛。在性行為中當然是沒有問題，但平常陰莖勃起時就要拉警報。在不知不覺認真起來，毫無理由地強求性行為，而被訴為強暴女性的事件也有。

天生有輕視女性傾向的魔羯座男性，在思春期要追求女性之前常先染上自慰的習癖。經追蹤研究結果，知道有不少人在長大之後還是持續著這種習癖，終走入同性戀的途徑。

經過長年研究魔羯座男性性問題，所得到的結論是「魔羯座所生的男性，執著於屁股的傾向很強」和同性戀者的性行為，也是不用肛門而使用屁股中間的線溝，來達到高潮的男性比較多，這種事實真使人吃驚。

魔羯座男性使用最好的附件是陰莖環，皮製的比較多，高級品係用細線編成的。尤其是喜愛豪華氣氛的男性，則用「皇帝用」的金線編成特製品。

使用套環之目的，套一句宣傳辭令則為「能持續長時間的性能力」。在套環

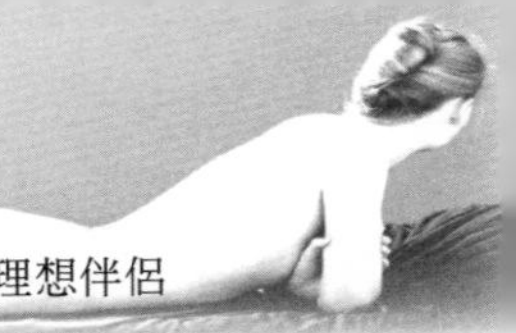

周圍雖附有刺激女性用細毛的最新武器，但如果沒有「威風堂堂」的氣氛，不管多喜愛性行為的女性也沒有胃口。

●魔羯座男性VS牡羊座女性

兩人都具有積極好動的性格，因此常發生衝突對立的事情。面對意志堅強、對方意見難以入耳的她，你大概也毫無辦法。如果其中一個人能讓步，問題馬上會解決，可是兩人如果不互相讓步溝通，這種衝突會進而影響性生活。

性生活也有明顯的不調合，你強暴似的熱情，對不能衝動燃燒的她來講是太唐突了。一踏出房間就衝突對立，這是一種很困擾的事情。最好不要把她由性的對象升格為結婚的對象。

●魔羯座男性VS金牛座女性

這是可謂天造地設的一對。兩人像兄妹一樣，性格又非常相似。既愛護家庭，經濟觀念又濃厚的你，在她看起來好像是天上掉下來的禮物。個性嫻靜的她，會因保護者的出現而感激，向你奉獻衷心純潔的愛情。

她的性感覺也很敏銳，對你提議的性行為，不管怎麼樣她都有承受的才能，在她的協助下，可享受到夢一般美妙的夜生活。

●魔羯座男性VS雙子座女性

如果能好好地把她駕馭得住，那你就是女性操縱術的高手。她雖然頭腦反應快，但是個缺乏沉著、容易衝動而無一貫性，又容易興奮容易冷淡的人，因愛情的變化很大而使男性困惑。

她這樣的個性，終會使樸素慎重、勤勉上進的你，無法忍受而爆發起來。性生活雖勉強過得去，但共同生活需要多多考慮。

●魔羯座男性VS巨蟹座女性

對於性生活她是比較害羞型的人，你可能會對她不表露慾望作風不滿。雖然你不擅長於大膽的性行為，可是有必要在前戲時，協助她在互相刺激之下升高情緒。如果多花一點時間認真地進行性行為，也可以得到滿意的結果，可是若你的誘導失敗時，性行為會以悲劇收場。

你們本來就是性格不合的一對，若要和她共同生活，就不要我行我素，應該體諒她，愛護她。要好好記住你強硬的態度會使她不愉快，應檢討改善。

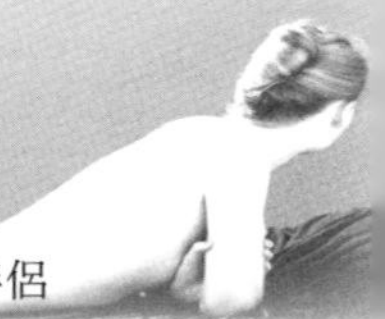

●魔羯座男性VS獅子座女性

她對慾求不滿的原因係由你而起。正直勤勉型的你，認為她在演戲，而她認為你不夠「意思」，對於她享受性行為的需求是無法使她滿足的。

她雖會要求男性做獻身般的服務，但要你付出這麼大的代價，你可能辦不到。在房間之外，你們也會有主導權的爭執，所以最好是不要考慮結婚問題。

●魔羯座男性VS處女座女性

對於性生活，害羞模樣的她，多少提升了有虐待性的你的快感。

她是希望在合乎規定的原則下享樂，她必會向你這樣要求。很明理的你，一定會尊重她的意見，保證不會有奇異的性行為。這是很好的辦法，必定會產生最大效果。結婚生活終會美滿幸福。

●魔羯座男性VS天秤座女性

要以天秤座女性做為伴侶，是無法推介的。乍看之下，她好像很有性魅力而能有很好的性表現，其實不然。既有楊花水性，又只有自身本位行動意念的她，最後會讓你吃盡苦頭，並使你陷入難以自拔的境地。

你在性生活當中，雖希望有某種程度的性行為次數，但她是否能順應你的要求，是個很大的疑問。實在不忍心看你到處找楊花水性的對手，不過，她如果有財產時結婚是有益的。

●魔羯座男性VS天蠍座女性

男女雖然個性很強，可是意外地很合得來。在性方面，你是方法論般地多方考慮而重實際的人，而她是屬於性想像派，兩人可說夜生活多彩多姿。

她喜歡把腦中忽然想起的行為，馬上予以實演而常有滿意結果，若尊重她的價值，並適當地讓她主導時，一定會產生滿足的結果。在性生活以外的問題，亦會因兩人微妙的結合而處理得很好。

●魔羯座男性VS射手座女性

她是個自由自在無憂無慮的人，而你是屬於慎重派又很重視家庭的人。她不顧家，時常喜歡外出，這一點，你一定很失望。性生活也會顯得格格不入。

你本來期待著在很有氣氛的寢室進行平靜的性行為，但她卻央求你在不固定的地方進行。面對一興奮就不擇場所向你靠近的她，你一定是皺眉以對。這樣的

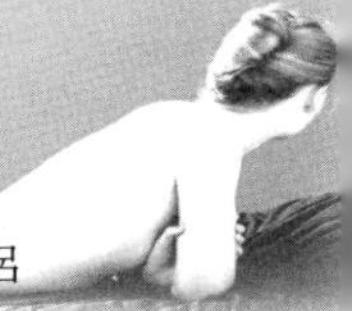

婚姻是不會幸福的。

●**魔羯座男性VS魔羯座女性**

這是排斥與親近的性質各半，互相追求浪漫派的一對。從共通的性格中，可找出生活上一個典型的事例，兩個人的個性都稍強，雖有個人主張上的衝突，但身為男性，應瞭解她而讓步才是。

性生活不是享樂型，但可在非常良好的氣氛下維持長久。雖無法期待高度的享樂，但可建立美滿充實的家庭。

●**魔羯座男性VS水瓶座女性**

羅曼史轉變為友情非常地快。在突然間親密起來的她，看起來令人很有好感，可是要和她長期往來，一定要費很大的精神。

對於性行為很正經，而且又想以傳統方式進行的你，她偏偏要求變化多端的性行為。

現實主義者的你，要以空想帶動性本能並使她滿足是很難的。因要以多情多感的她為對手，所以需要有高度的操縱技術，如果想結婚還需要相當的努力。

●魔羯座男性VS雙魚座女性

兩人都有點花心，她有時雖會鬧點彆扭，希望能引起你的注意，當然你也知道這是她管束你的方式，曉得你並不是真正的要反抗，不久她就會在你的懷抱裏變身為「可愛的女人」。

她的本性是不管你到多遠，都會跟隨你、順從你。努力上進的你，一定可使她幸福。當然性生活也包括在內。

♑由冷靜一變為激亂的魔羯座女性

魔羯座女性，凡事有一套完整的計劃，但不輕易顯露出來，就是天生的熱情，也都會在冷靜的面罩下隱藏起來。此外她很小心，而且過份膽小地擔心所有的事情，她不容易受男性的引誘。

若想把她佔為己有，心理作戰最為重要。除非是稱讚她的美麗和魅力，使她曉得你是真正的愛她，否則用多大的力氣也無法動她。值得男性注目的是她的孤獨癖，與其和同伴在一起吵吵鬧鬧，她喜歡一個人靜靜地坐，可是她的內心正在

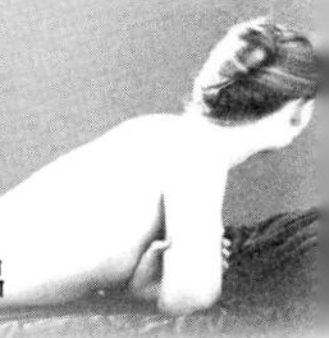

期待著男性的引誘。這對男性而言，是個好機會。

一旦和她交往後，她會突然變為激烈的女人。她對男人是絕對的忠實，一定會心甘情願地奉獻愛情。

可是她之所以奉獻愛情給男人，是為確認自己的生存，以及認為自己已經找到了護花使者。若男性對她有愛情的服務時，她一定會好好地加以回報，但是，她並不會熱衷於僅是喜歡男性。

她具有很強忍耐力，因有忍耐力及集中力，一旦破懷情緒時就很難收拾。和異性約會時，若男性強行帶去的地方，不合乎她所期待，她就不再沉默了。

說她是好太太，不如說她是人生的伴侶較妥。結婚後，若要繼續工作時，她不喜歡被冠夫姓，她的儲金戶頭也要和丈夫分別設立。「我是我、你是你」——是她的口頭禪。

她這樣的作風，男性雖很想敬而遠之，但魔羯座女性美人很多，感受好，所以不能無視她，這一點是很為難的。她化裝後顯得格外美麗，穿洋裝的風格也很獨特。因這個緣故，被吸引的男性很多，競爭很激烈。

和雙人床比起來，她喜歡用兩張單人床，這並非是她討厭性行為，而是很重視私生活權。

到達最高潮的時間比較短，因此在前戲不需太費力。因她的性行為加速度很大，如果男性慢吞吞的，一定會被拋棄不管。

她很瞭解自己是屬於容易點燃型的人。很有計劃的她，如果不依入浴，用化妝粉或塗油，然後上床的順序，則會缺少氣氛。因事先有準備，故性行為時，達到最高潮的時間很短。若無法抓住這種步調，和魔羯座女性的性行為時間則不能一致。

太注重性交體位也是不太好。她最感興趣的是，男性持久力能維持多久的問題。不過，平常喜歡以正常位性交的她，興奮後自己很想主導時，又是另一回事。在男性上如騎馬般地跨著，這時會要求乳房的服務。當然也不會忘記對陰莖的手指服務。

魔羯座女性的性感帶，是在肚臍周圍和後膝凹進去的地方。尤其是腹部很敏感，只要這部位被吻時，有很多女性便會叫起來。其他星座的女性是內股最為敏

感，而魔羯座男性是膝部後側較內股的性感帶發達。

另外一個性感帶是在背上。從背部的下面開始，沿背骨接吻是最高級的性技術。一直到頸部時，她會因快感而狂叫起來。最有效果的方法，是接吻和愛撫混合的複雜式攻擊，即沿背肌一方面愛撫，一方面對著背骨的關節，以舌頭做旋轉式的熱吻。這種方法保證可使魔羯座女性陷入忘我之境。

魔羯座女性，一進入興奮狀態立即表現得瘋狂、激烈，常會忍不住地狂叫起來……如果你以為是靜靜的興奮，那就大錯特錯了。她在興奮時不但會狂叫，你還要有心理準備被咬五、六處傷。

以為一戰結束便可安心是錯的。性精力旺盛的她，絕對不會寬赦已經彎曲下垂的陰莖。在這種情況之下，感嘆精力衰退的人，要準備特製的振動器。其型式和普通的不同，是個「指」附在前端特別配製的東西，她對於「指」的感觸最有興趣。

喜愛毛皮也是魔羯座女性的天性。不管在床上或在彈簧墊上，若鋪以短毛的毛皮享受性行為時，它的效果意外的好。毛的觸覺會刺激微妙的性感地帶，極度興奮的她，會顫抖著身體緊緊地摟住你。

對於男性的接吻其性器也很喜愛，外表雖顯得很冷靜，可是在心底裡她常期待著。她不太喜歡口腔性技巧，如果是僅為取悅男性，她一定會拒絕。

你意想不到的是利用腳趾尖方法的效果。很巧妙地動一動腳趾尖來刺激陰部時，可得到很大的快感。尤其是以腳趾巧妙地刺激脇下時，魔羯座女性會因快感而哭起來。

●魔羯座女性VS牡羊座男性

性格相似是發生麻煩問題的原因。他也和妳一樣有倔強的個性，不管妳想怎樣勸說，他都不會輕易地聽得進去而被妳說服。男女雙方常會正經地對立起來，誰都不肯先低頭，這是他們的弱點。

家庭領導權之爭奪戰是不會終止的。本來任何一方退讓就無事，偏偏雙方都很倔強，討厭妥協。

性生活雖順利，但女性要求熱烈的愛撫，男性認為前戲浪費時間，也沒有什麼好的解決辦法。兩人雖無愛情不專的毛病，但結婚是不理想的。

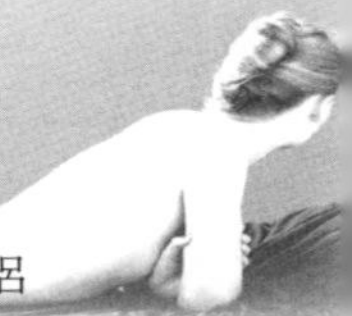

●**魔羯座女性VS金牛座男性**

他是比較重視家庭的男性。由於個性很謹慎，金錢感覺、經濟觀念都很發達。他的忍耐力很強，會疏導妳強硬的個性，而為了達到目的，他會不惜一切努力。腳踏實地努力，目標放在為甜蜜家庭時一定會成功的。

性生活女性注意研究製造氣氛，香水之類的東西會準備齊全，可說在及格標準以上。倘若妳能積極地引導他的官感燃燒起來，會進展至接近性女神線上。

●**魔羯座女性VS雙子座男性**

和這種迷迷糊糊的男性交往，妳遲早會患神經病。他容易衝動，想到了馬上蠻幹起來，可是往往在翌日便衝勁消沉，如此地做事缺乏一貫性。對妳而言，他是個不可靠的伴侶，應儘早離開他為妙。

性方面女性需要充分的前戲，男性全身都是官能的感覺精神，假若男性能耐心的製造氣氛，順便在她身邊囈些情話，倒是可以魚水盡歡。

●**魔羯座女性VS巨蟹座男性**

他的性行為很怪異。假如妳認為男性應直接大方地進行性行為的話，他會違背妳。身為男性的他，是屬於慎重派，他始終覺得性行為是可恥的東西。他的慾望雖然很強，但因不率直地表露出來，故常會使妳困惑。

雖然如此，若想要有美好成功的性行為，就要在前戲下工夫了。誘導的角色，自然落在妳身上。

●魔羯座女性VS獅子座男性

這個星座的組合沒有回響，是不能互相理解對方優點的組合。

他是具有好伴侶個性的男性，但和妳的緣份不佳。他所期望的性行為是多彩多姿、富有變化可資享樂的性行為，而和妳「努力型的性行為」不一樣。

在他看起來，妳好像很疼惜性的付出。男女雙方都不太欣賞對方的性魅力，加上個性衝突的時候很多，床內外的共同生活無法進行。

●魔羯座女性VS處女座男性

因雙方都不企求華麗有派頭的性行為，所以可成為很好的伴侶。在生活方面雙方都屬保守派，對於新鮮的遊戲，或冒險的行為均不感興趣。

他們使用傳統方式的性行為，稍有一點快感就可十分滿足，他處事不會一意

蠻幹，故可做家庭至上的好伴侶。雙方多少雖會有一點衝突，但是想法很快就會趨於一致而息事，可期待值得祝福的結婚。

●魔羯座女性VS天秤座男性

若以他為對手時，精神容易疲勞不振——雙方就是這樣的關係。

由於他的體格非常性感，最初可使妳迷惑。不過他的行動都是以自我為中心，性行為也限於他的情緒而定，或對妳的關心集中時才進行。當妳意識到無法享受快樂時，一定會很失望。

和他性生活的新鮮度消失時，妳的性精力一定會過剩。若妳能找到其他的性慾排洩處，加上他能對金錢問題管理得很好，結婚生活就會維持長久。

●魔羯座女性VS天蠍座男性

他對性行為有超一流的才能，妳會不厭其煩的佈置寢室，以製造氣氛。若能由他去主導，可得到十分強烈的快感。很巧妙地妳對性行為方法論的好奇心，和他的自由性行為想像很吻合。

由堅強意志結合的兩人之和諧，不致於使人生的波浪湧向困苦之境。當妳知道他強有力的領導不限於性生活時，最大的幸福就要來臨了。

●魔羯座女性VS射手座男性

妳遇到很不理想的男性了，這大概是沒有共鳴的組合。他的性格和妳所期待的卻全然不同，他的花樣很多，常關心家庭外的事情，就是休假日也難得在家。用錢也很浪費，在這種情況之下，家計的不安很難消絕。

在性生活方面極為平凡，亦因作風和觀念不同而很難順利。喜歡在房間內溫和安靜地進行性行為的妳，遇到衝動胡亂要求的他，一定會感到很困惑。結婚問題最好是不考慮為宜。

●魔羯座女性VS魔羯座男性

男女雙方都具有規矩穩定的性格，不隨便冒險的見解一致。你們兩人的經濟觀念發達，常被批評為「吝嗇的人」，可是對這批評不需要介意。不過，不管多相似的性格也會發生對立，對於結婚不要抱太大的希望。

在性生活方面不是享樂型的，只是當做「安眠藥」，行為終了時肩並肩進入夢鄉。若要找一個踏實典型的家庭生活伴侶，他是個很理想的人選。

●魔羯座女性VS水瓶座男性

他具有某種迷人的魅力，可是結婚生活不一定會美滿。在性方面次數很少，他和妳的性格是對立的，他喜歡華麗的性行為。

對於本能的性想像派的他，妳若只能以傳統式的性行為應付……。他會陷入慾求不滿的困境，或許也會去找別的女性。不要忘記性問題是結婚的重大條件。

●魔羯座女性VS雙魚座男性

身為男性，他的神經過於纖細，女性化的地方非常顯眼。由於他相當內向，常不率直地把自己的希望說出來。有時雖沒有惡意，也會講些使妳不太高興的話，他就是具有這樣複雜性格的人。

妳不要理會這種態度，要好好引導他。本性很誠實的他，會成為很好的伴侶，結婚是會幸福的。

性生活方面相當順利，但是太安靜的性行為對男性來說是有一點不過癮的。

十一、水瓶座
aquarius

1月20日——2月18日生

♒ 水瓶座男性具有卓越的性知識和技巧

司改革與異常的天王星為水瓶座的守護星，是風性星座。富有創造力和獨創力，是理想家，喜歡和自己相同思想的人談藝術或學問。

水瓶座男性，孤獨寂寞的人很少。待人寬大正直，又會很親切地照顧人，故很受女性歡迎垂愛。對於女性的煩惱事，他也會認真有耐心地聽他們訴說，所以給女性有「靠得住」的好印象。

頭腦也很聰敏，可說是能夠找出合理解答的專家。就是找不到合適的解答，也會給人一種將他人之事當做自己的事去考慮的感覺。無數的女人之所以想投入他的懷抱，並非沒有理由。

可是很意外地水瓶座男性，對於性行為一開始就想主導，但是，很多女人卻不以為然，他的這種行動令人遺憾。他有時也在等待女性積極地給他送秋波。與女性約會當天，他沒有本領很巧妙地把女性帶進旅館。

本性很溫和的水瓶座男性，都是很認真地愛著女性。他很看不起只把女人當做性行為對象的男人，由此可看出他對女性重視的一面。知道他是真正愛著她們身心的女人，在感激之餘，無不把這種喜悅，想以肉體來回報。

在性遊戲時，他把前戲當做本戲般地重視。他討厭單刀直入的性行為，而喜歡多花一點時間，很有氣氛地享樂前戲。

因為前戲時間過長，有時會發生麻煩的問題。男性在享樂前戲時，往往會達到最高潮，當進入對方體內時最初的最高潮已經終了。前戲的時間過長時，往往會引起反效果，如果不瞭解這一點，女性就會跑光。

女性的苦痛，有關水瓶座的男性事項為「要治癒早洩不知要怎麼辦？」——有這種問題的女性實在太多了。

「我的先生有早洩症，這是不是性精力不足的緣故呢？常在我達到最高潮之前，他就從我身上下來。」

有這樣疑慮的多半是經驗不足的年輕太太，我懇切的回答如下：

「那裡！說他的性精力不足，這是毫無道理的誤解。體貼的男性，只是擔心妳沒有得到快樂，而猶豫不決而已。妳如果好好地給他引導，妳的擔心馬上可以化解。向他說『已經可以了』，難道不是女性的工作嗎？」

水瓶座男性，好奇心也很旺盛，不過雖有很想讓男性熱吻性器的女性，但是，他一開始就不感興趣。他的想像力往往向著他處，而感覺不到在身旁最重要女性的要求。這一點，他實在多少有一點糊塗。

對於新婚的年輕太太，我給她們如下的勸告：

「不妨在陰道擦一點蜂蜜去誘導他，第二天使用草莓果醬、第三天使用茉莉花的香味……不斷地更換刺激。天生對於性問題好奇心很強的水瓶座男人，遲早會滿足妳的願望。」

男性用最新的性武器是手指套。尤其使用手指頭愛撫很拿手的水瓶座男人，常以毛皮做的手指套，刺激女性，使她得到昇天般的極度快感。使用口技也沒有比水瓶座男人更高明的。

對水瓶座男人而言，性行為好像遊樂園一樣。只要以喜愛的騎法享樂就好，他們對這方面的研究也很熱心。

他們以為只要充實知識，就可應付任何對手，因此不少男性研究古今中外的

「性文獻」。每日以同樣的體位進行性行為不會有進步，會做這樣想的也是水瓶座男性特徵。

有時會有女性提議「要不要來三人遊戲」？當然對方認為你具有相當高明的技術才這樣說的。整晚拼命地研究以三人怎樣進行最好的你，一定會想到以手指、嘴，以及陰莖等三種來應付複雜的性行為。

一個使用陰莖，另一個使用嘴和手指，以使達到最高潮，對熱心研究的水瓶座男性而言，是輕而易舉的。如果能使每人均能達到兩次最高潮，這種性技術算是很優秀的了。

不斷地更換體位雖然不錯，但女性是否每次都能和男性一樣得到快樂呢？好的時候雖可體會最高的快感，不好的時候，不但不能滿足，還要受肉體之苦，無法每次都能有最高的快樂，這是很遺憾的事。

在性行為小用具中，最受人喜愛的是「東瀛寶盒」，將由箱子伸出來的兩條鋼線分別固定於肛門和陰莖，然後把開關打開。這時因兩邊的性感帶被刺激，結果可把射精提高到最理想的情況。

這是利用電子新武器，對於熱心研究的男性而言，這是絕對需要的日本製魔術箱。這可說是水瓶座男性最高級的小用具。

●水瓶座男性VS牡羊座女性

因在床上均為最高明的演技者，性行為可達到相當高的水準。前戲——交接——後戲之一回合很激烈，有時可體驗到她像啜泣般的千變萬化震撼情景。她的感度既已超強，而你喜歡女性上位的方式的技術也毫不遜色。可以保證兩人都具有很好的愉快性感覺。

引導權之爭，有破壞氣氛之憂，這種情形，應該要儘早把床上的引導角色讓給她，這是個要訣。這是可長久維持性蜜月的一對。

●水瓶座男性VS金牛座女性

她是具有一種性動物般素質的人，她比什麼都喜愛性交，性交以外之事都不放在眼中般地熱衷。對於她有鼓動丈夫性慾的執著性精力，精力較弱的你是望塵莫及的。

你對性感覺雖很敏感，但相信性行為除了單純的興奮以外，還有重要的要素存在，例如含有愛情。兩人若不好好妥協，結婚生活就會令人擔心。

●水瓶座男性VS雙子座女性

這兩人是很理想的配對，在性方面她很成熟、大方，是個很好的對象。對於性行為雖沒有沉迷般地熱衷，但心血來潮時，也可充分地使你滿足。你誘導她，儘情地進行大膽的性行為也無所謂。

當她對你的引誘，表示有興趣時，就是戶外性交她也不會覺得厭煩。這是充滿著性魅力的一對伴侶。

●水瓶座男性VS巨蟹座女性

對於她重視情緒氣氛，喜愛性交的程度，你會大吃一驚。喜愛性交的她，一定很熱切地要求你，而使因工作疲累的你痛苦不堪。因她認為性交是人生重要的一環，要避開性愛是無法想像的。對於性生活有冷淡感的你，若意識到成為她糾纏不休的犧牲者時，她也可能會對於你有所不滿。

在公司裡，你可能會不斷地打哈欠，同時也會把太陽看成黃色的。結婚是困難重重的。

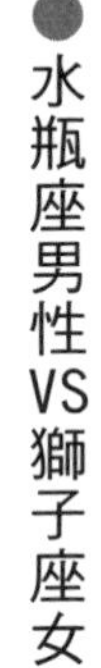

●水瓶座男性VS獅子座女性

如果是性交的對手，兩人像天真的小孩一般的嬉戲，也非常快樂。她會精力旺盛地和你享受性交，結婚以後，她會慢慢地脫離肉慾重視型性交的慾望，而開始做不同的要求。

對性行為不很關心的你，可能回以冷淡的答覆。認為被輕視的她，一定會猛然地站起來反擊。這一對男女的婚姻，可能因此不會很幸福。

●水瓶座男性VS處女座女性

剛開始的時候情況很好，但接下去就變壞了。

雙方對性行為關係是冷淡的，她對你強烈的性魅力感覺不出來，也沒有飛向你的衝勁，這一點雙方可以平衡起來。對於房間外之事，兩人均有興趣。有時雖會產生意外的新鮮刺激，但無法維持長久為其缺點。

●水瓶座男性VS天秤座女性

有對手後雖會很快就變為冷淡的你，如果以她為伴侶時，性的興趣馬上湧上來，這是個不可思議之事。對於她能溫和地把性行為當作好玩的遊戲般體會很有

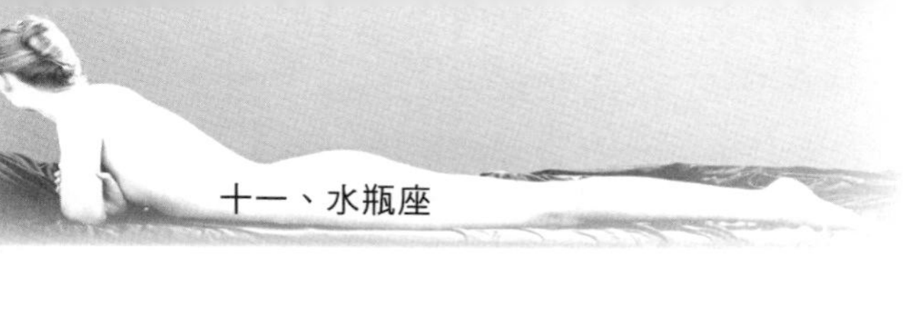

一套的技術，你是無法與其相比的。這種情況下，你有一點不敢進行性行為，可是她正等著你這樣的變化。

喜歡豪華的氣氛，又喜愛藝術的這對男女，就是不說話也能互相吸引。是最適宜的情侶，同時也是很好的朋友，必可體會最大的幸福。

●水瓶座男性VS天蠍座女性

她的個性很強，性能力也很強烈，常對你追求不捨。你若有厭意時，她就會大怒起來。慾求不滿的她，就會變為虐待狂者，以鞭子打你赤裸的屁股，壓著屁股的傷，坐在公司的椅子上，絕不是快樂的事。

另外，有濃厚性感且慾求不滿的她，就要向外找性的疏洩處了。

在那種情形下，如果有意繼續交往那是另一回事，不過多數的人會掉頭而去。冷漠又多情的男性和執念深又多情的女性，還是不要深交好。性生活也難以繼續長久。

●水瓶座男性VS射手座女性

因為兩人均很活躍，又喜愛熱鬧，具有建立社交風格的家庭特色，有時你可

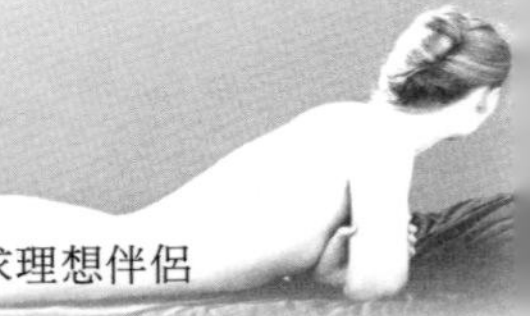

能會感謝她待人接物優異的才能。

在性生活方面也無需擔心，因兩人的興趣和所關心的事很相似，新鮮、刺激的性行為構想，會不斷地湧上來。兩人均敢做性的冒險，並可保證在性以外之事也做得很好的一對伴侶。

●水瓶座男性VS魔羯座女性

風性星座的你，所吹送過來的種子，將由地性星座的她培養而成，開花結果，這算是協調的性相，但是也有危機。

她和你的性型態不同，她雖然膽小，但性的興趣很濃厚，常給男性送秋波，若誤解有強烈的慾望，但她卻很緩慢地引誘你時，往往將成為悲劇的原因。

面對快速性行為比較拿手的你，是無法來配合她的慢動作，因此性生活方面次數很少，最好是交往一兩次就終結為妥。

●水瓶座男性VS水瓶座女性

這一對互相心領神會，彼此有信賴感，性想像均豐富的男女，性生活範圍很廣泛，對於有趣的技巧變化，也不會不能適應，她和你均可享有美好的性生活，無論是前戲、本戲或後戲均有很刺激的樂趣。

可是兩人的腦中，並非能有性形象而已，在床上以外之事，可產生良好的合作關係。兩人可過著感情融洽的生活。

●水瓶座男性VS雙魚座女性

這是可有可無，普普通通的性相組合。在性感覺上，你和她有共通點。因兩人均受非常敏銳的性感官所支配，他們的性行為不會很粗野。可是她的缺點是太過神經質，你若發覺到她的缺點，一定對她很不諒解。

她的脾氣雖不壞，因具有不靠男性便無法生存的軟弱意識，所以會纏上你是個問題。最初的交往雖無妨，但結婚卻有很大的障礙。

♒可以有效地回復陽痿的水瓶座女性

水瓶座女性，比較高尚。對於不正經的事，她不會隨便遷就，夫妻間如果發生糾紛，不會輕易地息事。如果不能理解她的自尊，就無資格做為她的伴侶。一開始和她約會談戀愛，就想把她帶上床的話，結果一定會失敗的。

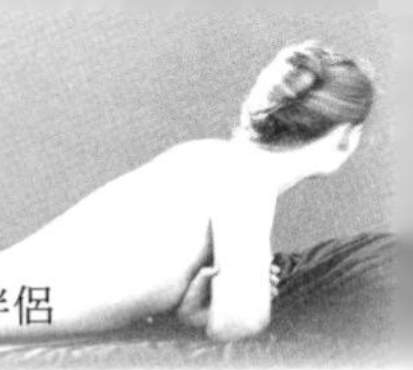

另外，喜愛社交活動的她，很喜歡參加聚會。在聚會會場，她為等待男性打招呼，往往會留到最後才離開。她交際雖多，但結婚遲緩的原因是，一直想找個最能體貼她的男性，及不輕易聽取別人的意見所致。可是，一旦對象決定後不管對方為何人，就永遠跟隨他。

結婚後的性生活，你應瞭解她是個起動緩慢的人。對於認為理想的「愛」表現延長也就是性愛的她，若一開始就想以短兵相接的攻勢，那是見解錯誤。不管是技巧多高明的男性，一開始就採取連續攻擊，她不喜歡像小汽車般匆匆忙忙到處奔跑的性行為，她對於充裕舒適的性行為比較有興趣。

可是，一旦興奮後，無論何種方式的性行為她都不會反對。性想像力豐富的她，任何新方法或變化技術，都能使她興奮而任你玩弄。男性一方的責任很重大。因生殺權操在男性，所以需要具備很高明的技術。

在性行為方面，水瓶座女性的手指，好像是魔法手杖。她一下子慢慢地擺弄軀體及頭髮，一下子又自腳跟開始按摩至腿部。如此從羽毛般柔軟的觸摸，至技術高明的熱情愛撫，她的服務項目之多令人驚異，當然這種服務不限於前面，後面也照樣以手掌慢慢地按摩屁股凸突處。嘴唇的使用也很拿手，滑溜溜的熱吻，會如電流般流遍至男性的身體。

不光是性行為，因為她性情好動，普通的女性不喜歡做的男性工作，她也自動樂意去做。在美國，進出於適宜男性工作場所的女性，大部份是水瓶座女性，不遜於男性的高級主管也相當多。廢止男女差別的美國公司女性高級主管，其人數佔第一位是水瓶座女性。

治癒男性的陽痿，水瓶座女性最有辦法，待人很親切又富有同情心的她，對於伴侶的性煩惱也是看不過去的。尤其，對於因某種原因而失去性能力的男性，表示只有她能解決煩惱，並像天使般激勵男性。

例如，普通的男性年紀一大，雖有慾望，但性交能力會慢慢地衰退。可是，雖然是陽痿，但有時因時間和場所的不同，陰莖卻會勃起。

有位水瓶座女性，為了服務老人，常使用三溫暖。以三溫暖蒸氣溫熱後，讓他們觀賞女性的裸體，在這種情況下，既能勃起又能持續的老人，她會滿身大汗地為他們服務。她和老人發生性行為，雖然不覺得好玩，但是親切的她，是想儘

量解決對方的煩惱。

假如你為陽痿煩惱時，建議你無論如何要去找水瓶座女性商量解決。她在性交時常會發生困擾的是，她有讓對方先進行的習慣。自己要達到最高潮之前，若對方沒有進行到接近最高潮時，她就感覺不出有什麼快樂的氣氛。只要她的腦海中湧起她的性服務沒有用，就突然不想進行性行為，這就是水瓶座女性令人傷腦筋的地方。

因此，只要男性隨時有所反應時，她的服務一定會更起勁。

由於她從頭到腳跟全身猛烈的熱吻，可保證你能達到最高潮。她在接吻睾丸時，在她柔軟的頷部下面，陰莖也很幸福地在接受按摩，在這種情形下，要忍住發射是不可能的。

即使使用頭或臉，若她知道這是性生活的一種享受，她也願意使用。若知道有能夠引起最高氣氛的物品，即使是塗擦牛油，或維他命E混合液也很願意。

水瓶座女性，自很久以前就使用的最高級技術中，有使用某種毛的技法，她以這種物品來刺激陰莖。

能進行這種特別的性行為者，也只有水瓶座女性才能勝任。

●水瓶座女性VS牡羊座男性

對牡羊座男性來說，她的富知性及細膩的思考力，可補足他的輕率，他可能聽從水瓶座女性的意見。

這對男女可享受相當不錯的性生活。雙方雖然都具有敏銳的性感覺，但為使互相能隨時瞭解對方的反應，而慢慢達到最高潮，還是要總動員知識和天生的才能。因雙方均有熱心努力的性格，可享受甜蜜的性生活。

不過，有時難免會發生衝突，這時妳要儘量讓步。在性生活之外，也可發揮創造力去建立甜蜜的家庭。

●水瓶座女性VS金牛座男性

從星座位置看來，一個只對實際問題有興趣，另一個是追求理想的女性，兩者都很堅持自己的想法，一點也不肯讓步，是很難融洽的一對。

金牛座男性，為追求猛烈的性行為，會不分日夜地纏著妳。面對有熱情且認為性交才是愛真正影姿的他，妳一定覺得很困惑。妳的性感覺比他更高級，如果

追求很平凡的性行為，不久妳一定會說「性交並非是愛」。

回數派和羅曼蒂克派畢竟有差異，結婚問題必須仔細地考慮。

●水瓶座女性VS雙子座男性

妳一定很滿足他的性魅力。對性交很有興趣的他，經由妳引誘至床上時，像小提琴和豎琴的合奏，優雅又纖細的進行長時間的歡愉，他一定會感激不盡。

主導的角色還是由妳擔任較為適宜。易地進行的性行為，他也會很關心。他很快就會適應，而配合妳的計劃展開性交。因妳很喜歡在床外享樂，所以應該不要客氣地向他提議。

社交家的妳，一定有快樂生活的心得，他對妳的生活方式一定很贊成。你們會有很甜蜜的婚姻生活。

●水瓶座女性VS巨蟹座男性

這對組合稍微有點不協調。妳是否有被迫進行性行為的感覺？看他要強迫進行性交的樣子，一定令人想到「好像是性動物」。

妳的性感覺不是偏重行為派，而是寬舒安樂的充裕派。兩人的差異實在很大。妳一定會很厭煩他的做法。你們的關係也許不久就會破裂。

●水瓶座女性VS獅子座男性

雖是像個女人的妳和像個男人的他之結合，但其實並非那麼簡單。妳珍惜浪漫氣氛，討厭有失理性之事。他對於物理的性行為較浪漫的性行為喜愛，而且很喜歡強行把妳壓倒在床上。

自己亂搞還露出「不尊敬自己的人並非女人」的態度。如果妳原諒他粗暴的態度，結果受困的還是妳，妳一定會很不愉快。

二人結婚有很大的危險。

●水瓶座女性VS處女座男性

妳和他均具有很理智的性格。如果互相不能感覺性魅力，也不需悲觀。「床上的摔角，不需有什麼變化」，不想嚐試特別的體位，他們是如此平凡、冷淡的人，所以也許不很熱衷性行為。

一般人所重視的性交次數，他們是不在乎的，不過由於寢室以外的興趣和愛情的一點小磨擦，反而可建立堅實的家庭。

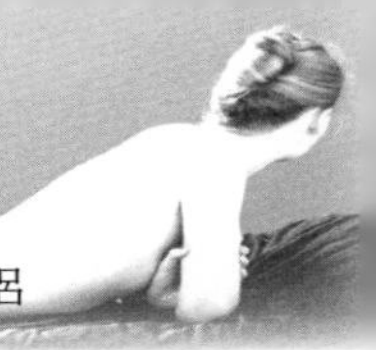

●水瓶座女性VS天秤座男性

客觀性的妳和注重兩人愛情的他，是很好的伴侶，雙方都注重友情，能互相攜手，構築一個良好的家庭。

妳的性感覺，常隨男性的不同而有變化。如果對方是真正的床上朋友，妳的性感覺會很敏銳地反應，熱情會慢慢地升高。眼看妳性情越升高，他就會更賣力地做最好的服務，他可發揮天生的才能擔任主導角色，使妳達到最高潮。性問題可保證你們幸福的婚姻生活。

●水瓶座女性VS天蠍座男性

無論何事都有強烈的主張，且佔有慾強的他，對妳的要求自然會多。性慾也異常強烈，時常會長時間把妳留在床上。

為了滿足自己的需求，強迫妳就範並不考慮妳的感受。妳若想逃避，他就變成虐待狂者。

對於這種強迫性的性行為，怎能協調呢？對於他這不講理的強迫行為，若有自信接受當然沒有問題，但有壓迫的感受，結婚終會釀成悲劇的結果。

●水瓶座女性VS射手座男性

能溫柔體貼照顧男人的水瓶座女性，和充滿野性的射手座男性，是很適當的組合。兩人的約會不喜歡在繁華的市街，而是投入大自然中。

妳應該為得到好伴侶而安心。他會誘導妳進行新穎的性交，常把其夢中所描繪的浪漫情景，搬到床上去實演。

好動是兩人的長處，對長時間激烈的性行為享樂而不累，你們性的花園裡，會盛開美麗的花朵。

這是一對可長期維持性蜜月的理想伴侶。

●水瓶座女性VS魔羯座男性

妳和他之間，是否有違和感？性問題的關係很大。他是個自我本位的慢動作型人物，他的性熱情只能緩慢升高，因此性行為並非是高手。

有時正經派的性行為作風雖不錯，但有時想享受新穎的方式時，妳會深深地感覺，沒有什麼激烈的感動，他的性交變化技術不足。加上他對性行為很執拗，即使是性伴侶也無法相處很久。

●水瓶座女性VS水瓶座男性

這是步調一致，互相心領神會，彼此有信賴感的組合。對於性生活可抱很大希望。他可把妳夢想以各種方式進行的事，一一接收並實現。

在性方面他也是屬於浪漫派，他會在很好的氣氛下，認真地多花一點時間為妳服務。妳的反應也可使他充分滿足，共同享受理想的性生活。

●水瓶座女性VS雙魚座男性

這是稍難配合的性相。妳是注重理性思考的女性，和虛構的世界無緣的。妳對看電影也會被戲中人感動得掉下眼淚的雙魚座男性，其心情觀念的濃郁，是不能理解的。

他是個極端神經質的人，是常把一些小事放在心上的軟弱性格者。因此他會依賴妳而增加妳的負擔。兩人雖具有靈敏的性感覺，而可能享受快樂有氣氛的性生活，但以後也許會慢慢展開神經戰，而使性生活乏味。

因過於關心對方的結果，婚姻可能將以悲劇收場。

十二、雙魚座
pisces

2月19日——3月20日生

♓

♓ 雙魚座男性可充分發揮其想像力

雙魚座男性是熱情而容易為情所動，又如天氣般容易變化。現在所講的，瞬間後即有一八〇度的轉變，而不再去關心。這雖是一種不負責任的表現，但這是天生的。因雙魚座的記號為兩條魚背道而游，所以思想容易變化是神明所賜的。

女性也無法長久愛同樣一個男性，因此結婚不易而獨身主義者很多。即使結婚也馬上會後悔，不到半年就會離婚。再和第二個女性結婚也很快就會說再見……，這大概也是一種惡性循環。並不是說性氣不好，而是心中的魚胡亂地背道而游，結果麻煩的還是女性。

「感情豐富，擁有創造性，智能指數也很高，係屬第一級男性」——如此雖很值得稱讚，但接下去的話，可並不好聽了。

「不過，很捨得花錢。根本不考慮價格，毛大衣或鑽石等禮物不斷地送到妳身邊。可做為體貼的伴侶，結婚卻需要考慮。若男性的心離開妳時，以後的香水或鑽石戒指等就會落到其他女性手上。雙魚座男性，很有可能做這種事……。」

在性交時也有操之過急的傾向。因急於在氣氛未變前打一戰，所以主導權不會讓給女性。

雙魚座男性很喜愛秘密的性行為，和別人妻子的驚險性愛，有難以形容的刺激。他具有享受別人感覺不到的秘密性交才能。他是以打破道德或性倫理為樂的人，所以沒有經驗的處女，不要和雙魚座男性交往。性技巧很熟練的中年女性性魅力，可使雙魚座男性提起精神。

喜愛使用椅子的性行為原因，為男女均可自由自在地用手。坐著的男性女性面對面地坐在男性膝蓋上，兩人盡情地愛撫，在前戲時使用椅子的性技巧，可使雙魚座男性享受最大快樂。

雙魚座男性的某些人所秘密傳授的陰莖勃起持久術中，「火和冰技術」的愛好者成績最好。火和冰係正相反的元素，將它們巧妙地組合起來，用以延長性交時間。

把由冷藏庫拿出來的冰塊，以毛巾包妥後放在床邊。當性行為漸漸進入情況後，於接近最高潮快發射之前，男的要給女的指示。這時女的要把包冰的毛巾放

入男性股間使「降低熱度」。因冰塊的冷卻使男性震抖後，快感雖暫時減退，但陰莖卻不會軟下來。

這方法雖是由體驗中發現的，但雙魚座男性，在這方面有了不起的才能。

另外一種，雙魚座男性愛好的性技術，是由女性以腳的兩側按摩陰莖的方法。雙魚座的人性感帶在腳上，尤其使用腳的性行為，會倍感興奮。由兩腳之間至腳跟，緩慢地移下，到腳跟時，看準最適當時間後，再緩慢地上升至頂尖，這就是要訣。女性是否以嘴去接受，就要看當時的氣氛了。

雙魚座男性，常會被女性的腳趾迷住。尤其是隔著尼龍襪子，愛撫或舐一舐時，可體會最高興奮的人很多。

富有想像力的雙魚座男性，因腳趾的連想，會成為刺激材料。這種享樂，若不是其幻想像泉水般湧出的人，是無法體會得到。

雙魚座男性得意的性技術之一，是胸下的接吻。女性採取上位姿勢，使她的胸部能對合男性的嘴。口裏要充分含著口水後向左邊的乳房接吻，然後移向右乳房。這時要使乳房充分附著口水。在接吻右乳房同時，以右手愛撫女性的左乳

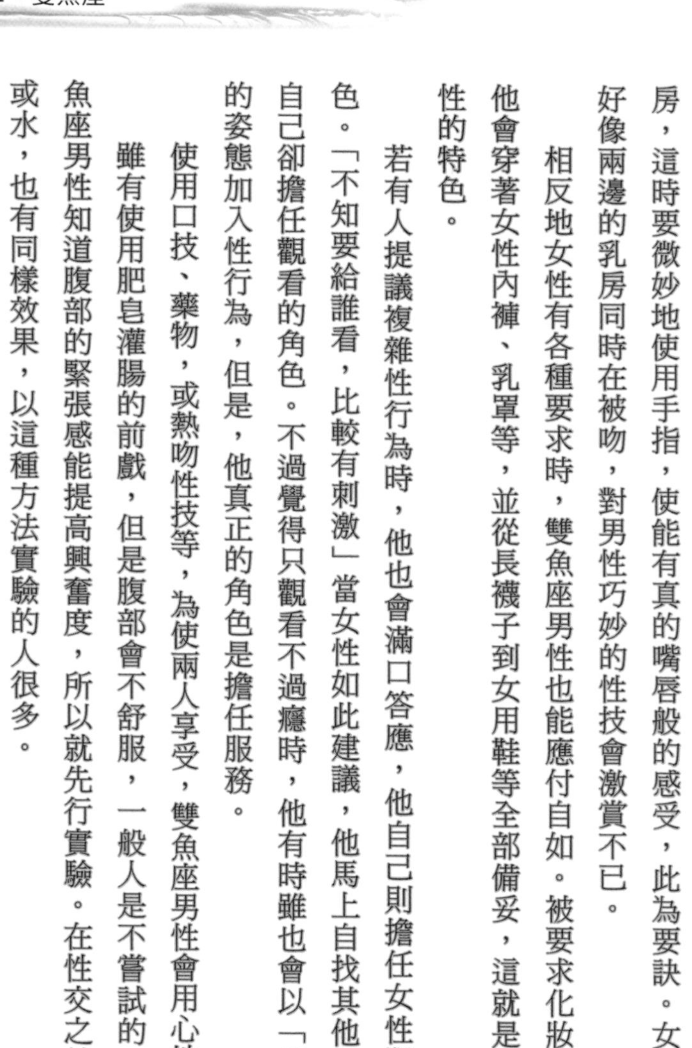

房，這時要微妙地使用手指，使能有真的嘴唇般的感受，此為要訣。女性將感到好像兩邊的乳房同時在被吻，對男性巧妙的性技會激賞不已。

相反地女性有各種要求時，雙魚座男性也能應付自如。被要求化妝成女性，他會穿著女性內褲、乳罩等，並從長襪子到女用鞋等全部備妥，這就是雙魚座男性的特色。

若有人提議複雜性行為時，他也會滿口答應，他自己則擔任女性服務的角色。「不知要給誰看，比較有刺激」當女性如此建議，他馬上自找其他男性，而自己卻擔任觀看的角色。不過覺得只觀看不過癮時，他有時雖也會以「第三人」的姿態加入性行為，但是，他真正的角色是擔任服務。

使用口技、藥物，或熱吻性技等，為使兩人享受，雙魚座男性會用心地努力。

雖有使用肥皂灌腸的前戲，但是腹部會不舒服，一般人是不嘗試的，可是雙魚座男性知道腹部的緊張感能提高興奮度，所以就先行實驗。在性交之前喝啤酒或水，也有同樣效果，以這種方法實驗的人很多。

雙魚座男性，也有人在性行為當中，弄傷身體而舐血的。

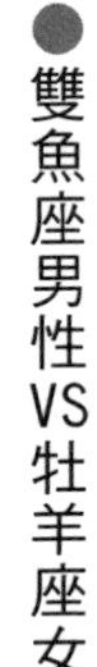

●雙魚座男性VS牡羊座女性

這是偶然型的一對組合。你思慮很多，又內向、膽怯，性交也等待著女性的引誘，處事或性生活均由女性主導為宜。

牡羊座女性，對於性行為很關心，她是會自動誘導你上床的理想女性。那你對性慾望必定會因她而升高。越過最初的柵欄，性行為是自由自在的。對於她率直的言行，要儘量寬恕她。

●雙魚座男性VS金牛座女性

兩人相遇即能快樂的親密起來，你的性格雖內向，但對性問題很關心。她的性能力也很強，幾達不知厭倦的程度。你很欣賞她積極的攻勢，你們的房間，一定會被美好的氣氛所包圍，最重要的是不要輕視她的性程度。

她的性情是比較注重肉體的慾望。性現實主義的她，只執著於性本戲，你要理解有這種性的個人差異。

●雙魚座男性VS雙子座女性

因這兩人都屬耐力型的氣氛派，氣氛的變化很大，比較麻煩的是，氣氛好的時候很少。因對於性魅力互相都覺得尚滿意，故應不會有魅力不足的問題。

不過，她的思慮很多，看到這種情形的你，一定會洩氣。因兩人的自尊心很強，一旦失和後，要破鏡重圓很難，所以兩人的關係，最好是止於性伴侶的程度為宜。

●雙魚座男性VS巨蟹座女性

兩人的性相非常相配，賢妻良母型的她，對你的體貼溫和有好感，並寄以很深的安心感，你對她的「女人氣質」也非常著迷。

你的立場是凡事交由她主導為宜。和消極內向的你比起來，她是堅強又有耐心，可實現你所期待的性夢想。你也可讓她滿足支配的慾望。有時雙方雖會發生爭論，但因互相能體諒對方的立場，故可期待美滿的婚姻生活。

●雙魚座男性VS獅子座女性

你是個勞碌命，因她常把她的希望列為優先，根本忽視你的立場而搶先前進。在床上，她也是以自己為本位來滿足性慾望，而喜歡靜靜享受高潮的你，可能不喜歡她的表現方式。

「沒出息的男人」——她會這樣地批評。

如果沒有自信做獻身般的性服務，最好不要和她結婚。

●雙魚座男性VS處女座女性

她對於性方面持有非常保守、潔癖的感覺。另一方面，你對於性想像很豐富，本來想享受各色各樣的性遊戲，但她似乎毫無反應，因此很困惑。你很想設法努力改善，但看到她毫不在乎的表情，實在令人冒冷汗。若努力的程度超過時，有被稱為「性的動物」之憂。

實務家的她，在日常生活當中也嘮叨不已。對於花費細少的金錢也斤斤計較的她，你一定覺得很不是滋味。結婚生活不會美滿。

●雙魚座男性VS天秤座女性

互相欣賞對方魅力的這一對男女，依靠五官和情緒的你，能刺激她被虐待性慾。最初在床上的氣氛一定很好，可是她並不是只對你一個人有愛情。

神經質的你，一定看不慣她的態度而說她幾句，她仍是無所謂的樣子。對於很需要可靠伴侶的你，和她的結婚生活是不會平坦的。

●雙魚座男性VS天蠍座女性

這是非常好的性相，兩人的結合好像是由性開始的。她的性生活魄力十足，好像有性女神附身一樣，既大膽而且持久力也很強。你雖傾向於內向的性生活，但富有性想像，對於她這樣強健的伴侶出現，實在很有需要。

她會將您佔為己有，忠實的你，是不會讓她失望的。因性生活過於順利，相反地自發的性交次數限制，卻成了問題。

●雙魚座男性VS射手座女性

兩人感覺都很敏銳，別人認為他們信心十足時，隔不到一炷香的時間，他們又顯得意志消沉了，兩人的心之振幅就是這麼大。

享受色情會話的層面上，對於話題不會不自在的你，先行讓她興奮後再送至床上。她事先雖留有很充分的時間，但一興奮，性行為成為一面倒，只顧進行本戲並做得很起勁。但這時你乃認為「氣氛和會話重要」，而跟不上她的步調。

因這個差異很大，不久兩人的熱情便減退而告離別，結果這一場性愛的遊戲以短命收場。結婚生活悲慘收場的例子也很多。

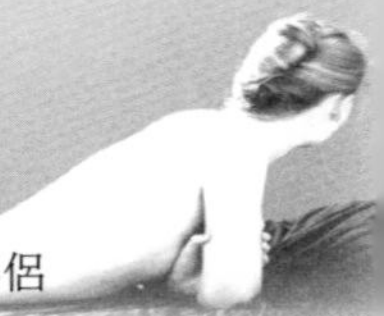

●**雙魚座男性VS魔羯座女性**

這一對男女雖互相會有衝突，但他們是很懂得解決方法的聰明人。雖然有誤會，但一說明就馬上可釋疑而互相信賴的好搭檔。

性生活方面，只要請她擔任主導的角色，便可大大地放心，即使是大膽的提議，她也會欣然接受。她會高興地接受邀請，在床上可展開很熱情的摔角把戲。

●**雙魚座男性VS水瓶座女性**

因這一對男女都很有理想，所以可盛情地享受性生活樂趣。問題是，她是屬於不注重情慾和肉慾的發展家社交派人物，和性交有幻覺情慾，很棘手的你比起來，對於事物的見解以及處理方式有所不同。

雖然你要求她對房事認真一些，但她卻無法僅對你的這件事熱心。當她無法接受你的要求時，悲劇就要開始。

●**雙魚座男性VS雙魚座女性**

兩人算是調和的一對，彼此有很深的同情心，能互相沉醉在彼此夢想中。

這是連進房的最恰當時間也吻合的一對男女，像這樣的例子實在太稀少了。

因她的反應，可使你充分滿足，結果更會使你沉迷於性行為。她對性行為也有很強烈的感情，「要不要使用變化的性技巧快樂一下」有時她可能會這樣誘引你。可是如果陷入變態性技時，便會影響結婚生活。

♓ 超能力且能變為妖女的雙魚座女性

被美和神秘之神的海王星所支配的雙魚座女性，她的感情很柔細，為人和藹的女人中女人——這就是雙魚座女性特徵。

對於直覺力，女人天生比男人還優異，尤其是雙魚座女人的靈感是超群的。對於男人的愛情不專，有憑直覺識破的大本領。她很瞭解別人的煩惱，而很富同情心。

有很多雙魚座女性，跟人見面後會令人有奇特的印象，因此她的影子較易留在男性的眼中。她的外表看起來好像個性很強，但天生的性格卻是「男性服務型」。如果曉得某一個男性真心地愛她，她便有盡全力報答愛情的純情性格。

愛和希望是她生存的世界，她應付這現實社會的能力比較差。如有介入紛爭

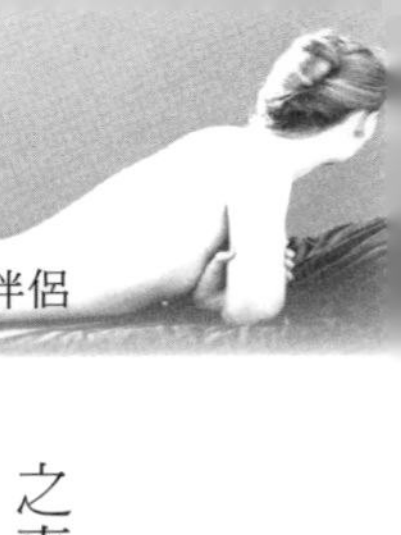

之事，一想起來就會發麻。幸有不可思議的氣質可迷惑男性，所以對社會上的重要人物有所影響。軟弱無自衛能力，無護花使者即無法生活的依賴性，可使男性本能發揚。不過一旦瞭解伴侶的底細後，操縱術不會有問題。

很瞭解他人之事，又齊備透視能力的雙魚座女性，很輕易「感情轉移」。只要發揮補充他人的特殊才能，去當女演員一定會成功。

她的思性期之早，幾乎可稱為天生妖女。好奇心很重的她，只要有男性引誘，她的腦中從來沒有「不」字，連帶地喪失處女的時間也比較早，因此，對於性觀念也比較開放。因她喜歡各種體驗，觀看黃色電影或閱讀黃色小說，也會和男性一樣地興奮起來。

要攻略雙魚座女性的方法是，巧妙地刺激其想像力而使她情熱升高。在螢幕上，讓她觀看性愛的熱情動作時，她便會在床上想像自己熱衷的情景，而慢慢地興奮起來。

天生「明星」性格的她，常在性交當中哭泣起來，或呻吟以表現其全身的絕頂快感。她認為表現自己率直的感情，什麼都不用客氣或顧慮。在狹窄的旅館房間，常為抑制聲音而傷腦筋。

有戲劇氣氛的她，其性交舞台必須是在很有氣氛的房間。例如，適當的照明，香水的氣味，以及黑邊的內衣映在淡紅的彩色燈泡上等。準備一些大小不同的振動器，或人工陰莖等小用具，也可增加寢室的氣氛。

雙魚座女性的性器，據說最會受月經的影響。大概是生殖器依美麗女神的命令在移動的緣故。尤其在月經期，性慾望會突然升高，幾乎無法控制。

雙魚座女性其性感帶重點在腳部。把腳後跟或踝部予以如羽毛般柔軟的物品按摩時，身體會有難以形容的快感，這是雙魚座特徵。舐腳趾尖也有同樣效果。從腳部上面先行按摩，然後把腳趾尖以手掌握住，最後放在口中時，她會興奮得幾乎無法抑制而發出聲音。

性感帶在腳部的她，很喜愛把男性的陰莖夾在兩腳間幫助男性自慰。在兩腳間，邊享受微妙的感觸，邊調節的玩意，若是腳部無性感機能的女性是無法勝任的。她也可以這種方式享樂。

雙魚座女性對於接吻也是很得意的，這是她最拿手的性技巧之一。她於接吻

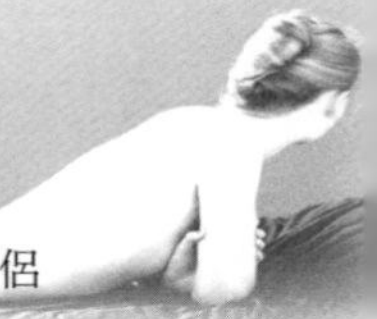

男性的身體時，最能發揮的性技術，是在睾丸的正後方。在這個部分，若以舌頭微妙地舐觸時，男性大概很快就會發射出去。她在這個瞬間，也可體會和男性步調一致的快感。這種能和男性以相同的步調，升到絕頂快樂的遊戲，非雙魚座女性是無法演出的。

溫順的她，接受男性的要求，進行虐待狂式性行為的例子也不少。在這個時候，她會忍受到最大限度。後來會變為肛門性交的愛好者，也是因她以往接受男性要求時，體會到快感後開始的。

與其全身脫光進行性行為，她比較喜歡穿一點什麼東西。有性慾飾物狂傾向的雙魚座女性，為使她容易興奮，男性最好贈送她一些如耳環、手鐲、胸罩、首飾品等東西。

在性交當中，把頸部抬高略微扭動身體，並散亂頭髮激烈搖動身體時，耳環或首飾品接觸到肌膚的感受，雙魚座女性會有說不出的快感。長的尼龍絲襪或手套，有色情氣氛的胸罩或內褲，也是她喜愛的小用具。

近似變態行為的猥褻性交，很意外地她也很喜歡。「喜歡受男性的支配」因這種潛在心理作祟，她喜歡任由男性擺佈。也有雙魚座女性坦白說：「沐浴時喜歡用男性撒的尿。」據說在黃金的驟雨中可看到彩虹。

●雙魚座女性VS牡羊座男性

性方面的性相很配合，但在「人生」這方面就有很多不一致。與其說是夫婦，不如說是情婦，兩人都喜好戲遊。

妳會因伴侶而受他很大影響。對於性問題很敏感且氣氛容易變化，由自己積極表明慾望很棘手。可是，他會很巧妙地把妳誘進房間是很難得的。

好好愛惜他，並且將主導權讓給他。妳的性生活會很美滿，或是毫無感覺地睡一生，就全要看他的表現了。

●雙魚座女性VS金牛座男性

這是可以互補，和睦相處的一對。

你和他的熱情性格雖相同，但是妳對於纖細的感覺比較敏銳，在性交時，期待著微妙的反應。另一方面，他較欠缺餘裕和幽默感，但很重視實際，只要有滿足感就行了。妳也許有被背叛的感覺，只要有不好玩的感覺時，你們的關係一定

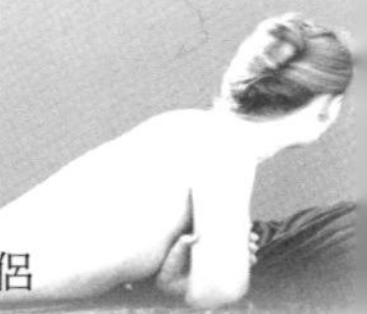

不會維持長久。

因此，你們在性方面的差異很大，所關心的範圍也不同，所以要互相體認是很重要的。不過還好，問題只在性感覺的差異，所以比較容易解決。可藉想法而有充滿滿足感的婚姻。

●雙魚座女性VS雙子座男性

雙方沒有共同的性質，對事情和人物也缺乏堅實的愛意和執著心。

雖然妳明白被情緒容易變化的他玩弄，是一種損失，妳卻未切斷和他的關係。其原因是能互相欣賞對方的魅力。對於性生活，兩人的作風都是馬馬虎虎，這是一種遺憾。

不管性行為如何好，若感情有所傷害時，要解決就很困難，最好能在適當的時機停止交往，而不要考慮共同生活的問題。

●雙魚座女性VS巨蟹座男性

他的感覺是最靈敏的。妳的個性謹慎且內向，比較適合多少有一點強硬性格的男性，他有一點個性，又對性問題很關心，所以比較適合妳。

妳認為他是堅實派者，可安心地以身相許。無論性生活的主導角色，或人生的伴侶，他是很理想的人。他的性技術也很高明，不只是動物性的行為，能擴展到纖細的藝術境界，達到靈魂的波動，性生活是美滿的。

●雙魚座女性VS獅子座男性

他只能以自己本位的方式生活，對於他人的想法不太關心。感覺敏銳的妳，對他自大的態度一定忍受不住。性交時也很不講理，常以自己喜愛的方式，硬要人接受，且自己達到高潮後也不管妳如何，翻身就睡著了。

對於與氣氛無關的無理要求，妳必定很困擾，到最後一定會說出「不」來。他缺乏理解妳複雜的感情能力。婚姻生活最後可能導致不幸的下場。

●雙魚座女性VS處女座男性

他是具有和妳相反性格的男性。他對於性問題並不熱心，對於性生活也沒有感覺。妳有著敏銳的性感覺，雖在尋找很能使妳滿足的伴侶，可是他卻完全不符這個要件。在性技術方面他可能會使用工具或藥物，沒有什麼突出之處。

他的言論也很陳腐，真是令人洩氣的對手。對於纖細且有藝術氣質的妳，無

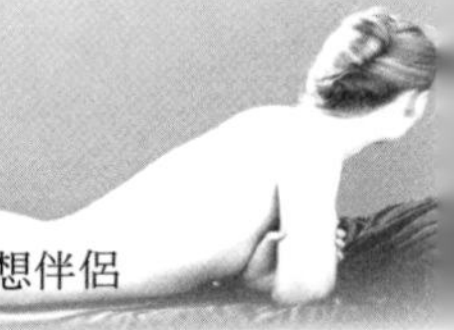

法和他過快樂的婚姻生活。

●雙魚座女性VS天秤座男性

因他關心很多事情，所以不想只對妳深入的關切。平衡感覺發達的他，在性方面，愛好多種體位，喜歡淺又廣的接觸，結果使妳慾求不滿的可能性很大。

說好聽一點，是他的服務精神旺盛，說不好聽一點，則他是愛情不專的人，他的缺點很多，做為妳的丈夫是不適合的。妳很不容易說服他改進缺點，婚姻生活是痛苦不美滿的。

●雙魚座女性VS巨蟹座男性

這是大吉的性相，兩人都是水性星座。男性的勇氣，使得女性想投到他強有力的懷抱裡，而安詳隱靜和柔弱肌膚的女性，也使男性升起擁抱的慾望。

他是個很理想的伴侶。面對具有超強性能力，也能放縱慾望的他，妳可在床上儘情地享受性樂趣，很想嘗試具有強烈刺激性樂趣的妳，可由他處得到充分的感受滿足。無論對於性關心或性技術，兩人均在平均水準以上，故絕對不會產生自卑感。

在性生活之外，他的生活也可過得很快樂，也會深深地愛著溫和的妳。在現實生活中，兩人的步調也是一致的，可過著幸福的婚姻生活。

●雙魚座女性VS射手座男性

和射手座男性交往，妳必須有悲慘的心理準備。性生活屬於氣氛派的他，時常會突然地向妳要求，若妳事先沒有準備，問題就來了。在妳慢吞吞時，他的興奮熱度很快地冷下來，而把關心轉移到其他事物上。

因性方面，雙方情感上性的差異很大，在慾求不滿累積後，結果變成很大的心理負擔，在這種情形下，妳就要在受他冷落的氣氛下，過著痛苦的日子。

●雙魚座女性VS魔羯座男性

若是魔羯座男性，和他終生交往也無所謂。性的調和最理想，妳會被送至興奮的極點，他也會因妳豐富的性想像而極度地興奮。在被興奮氣氛所包圍的房間之外，於現實生活中，兩人也都是智者。

兩人都有點花心，雖難免有紛爭，但只要解釋說明後，很快就會和好起來。這是一對可互相彌補個性缺點，令人羨慕的伴侶。

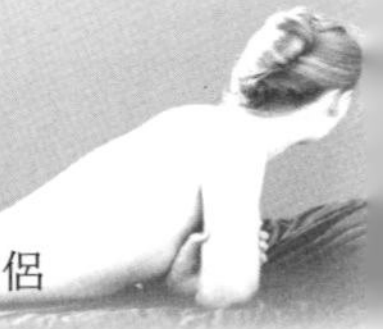

●雙魚座女性VS水瓶座男性

兩人看起來似乎很親近，但有可能發生妻子被丈夫冷落的悲劇。因為他是社交家，善交際，關心社會甚於家庭，性交次數也限於適當數字。他因更關心性生活以外的事，無法時常應付妳的要求。

喜歡待在家裏的妳，雖然很想管束他，但不會有太大的效果。你們的婚姻生活容易起風波。

●雙魚座女性VS雙魚座男性

他和妳能互相沉醉在彼此的夢想之中，都對於性問題感覺特別敏銳。這個感覺可互相體認，並可以得到有關性的期待往上升級的滿足感，而陶醉在幸福的感情裡。

可是如果太沉溺於性生活是很危險的。難以抑制性衝動的你們，可能會不斷地進行性交，最後若到了非使用變態性方式，或集體性交不能滿足的地步時，那就太危險了。結婚後，不要太沉溺於性生活，而應對其他事物有所關心。

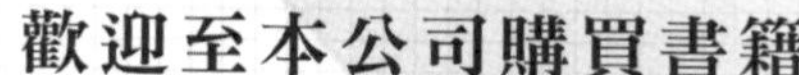

親臨本公司購買圖書者
請於上班時間星期一至星期五
(8:30-12:00，13:30-17:30)
至台北市北投區致遠一路二段12巷1號。

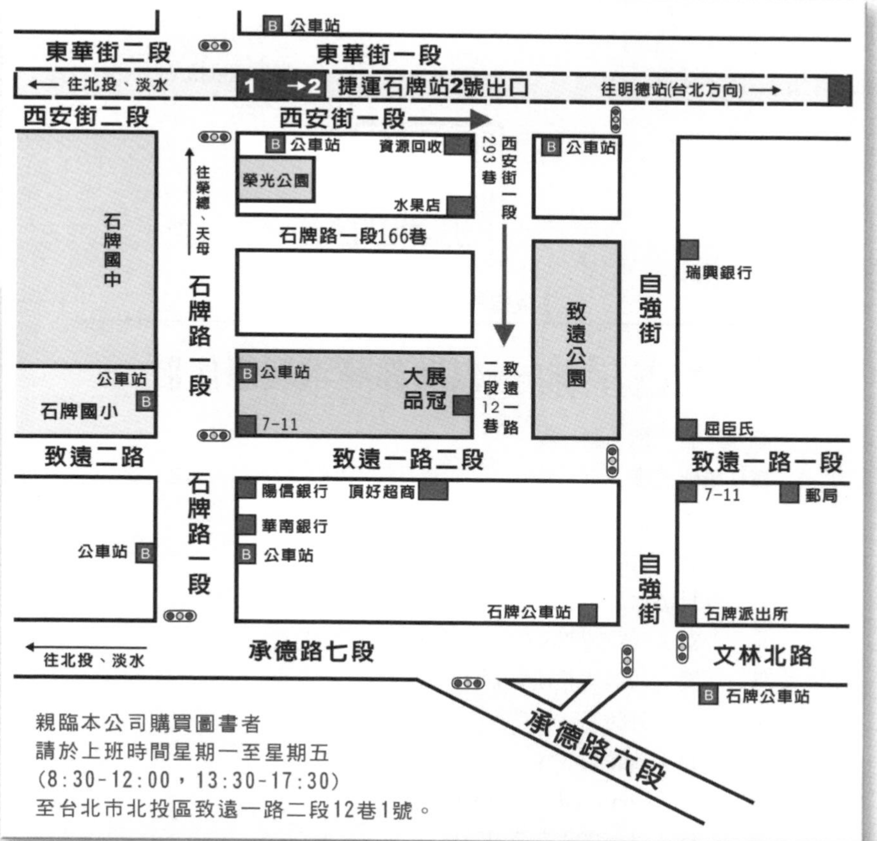

建議路線

1.搭乘捷運

淡水信義線石牌站下車，由月台上二號出口出站，二號出口出站後靠右邊，沿著捷運高架往台北方向走(往明德站方向)，其街名為西安街，約80公尺後至西安街一段293巷進入(巷口有一公車站牌，站名為自強街口，勿超過紅綠燈)，再步行約200公尺可達本公司，本公司面對致遠公園。

2.自行開車或騎車

由承德路接石牌路，看到陽信銀行右轉，此條即為致遠一路二段，在遇到自強街(紅綠燈)前的巷子左轉，即可看到本公司招牌。

國家圖書館出版品預行編目資料

性與占星術—幫助你尋求理想伴侶／柯順隆　編著
——初版——臺北市，大展，2020［民109.08］
面；21公分——（宗教・數術；5）
ISBN 978-986-346-306-1　（平裝）
1.占星術
292.22　　109008045

性與占星術—幫助你尋求理想伴侶

編著者／柯　順　隆
責任編輯／辛　　竹
發行人／蔡　森　明
出版者／大展出版社有限公司
社　址／台北市北投區（石牌）致遠一路2段12巷1號
電　話／（02）28236031・28236033・28233123
傳　真／（02）28272069
郵政劃撥／01669551
網　址／www.dah-jaan.com.tw
E-mail／service@dah-jaan.com.tw
登記證／局版臺業字第2171號
承印者／傳興印刷有限公司
裝　訂／佳昇興業有限公司
排版者／千兵企業有限公司
初版1刷／2020年（民109）8月

定　價／250元

大展好書　好書大展

品嘗好書　冠群可期